Frederike Frei

ABERGLÜCK

Gedichte

ROTE REIHE LYRIK

innerhalb der EDITION BÄRENKLAU
herausgegeben und redaktionell betreut
von Rolf Stolz

Band 1

In der ROTEN REIHE LYRIK erscheinen Auswahlen aus dem Werk lebender Lyriker – überwiegend Unveröffentlichtes - für 10 Euro im Umfang von 120 bis 150 Seiten. Das ABONNEMENT der Reihe (30 Euro für 3 Bücher inkl. Porto) bietet die Möglichkeit, alle Ausgaben zu erhalten.

ABONNEMENT - Bestellungen an:

**Rolf Stolz, Postfach 2139,
D 53813 Neunkirchen-Seelscheid,
rolf.stolz@gmx.net, Tel. 0163/5785012**

IMPRESSUM

Copyright © Frederike Frei 2018
Copyright © Cover – Photo von Rolf Stolz *Fräulein* (2009), Layout Steve Mayer, 2018
Copyright © der PBP 2018 EDITION BÄRENKLAU, Bärenklau (OT)

Unter **www.editionbaerenklau.de** finden Sie unser gesamtes Paperback-, Hörbuch- und eBuch-Programm. Die Verfügbarkeit und Verkaufspreise der einzelnen Medien prüfen Sie bitte auf der „Plattform Ihres Vertrauens".
PBP® bedeutet **P**ersonality **B**ook **P**rint: Von uns wird nach Verfügbarkeit auf der Netzseite www.editionbaerenklau.de eine Druckausgabe der dort aufgeführten eBücher erstellt. Die Ausstattung kann von der Plattform-Version abweichen.

Erschienen in der EDITION BÄRENKLAU, Bärenklau (OT) 2018, Printed in Germany

Herstellung und Verlag: BoD- Books on Demand, Norderstedt

ISBN 9783752887921

Zur Autorin

Frederike Frei, bürgerlich Christine Golling, wurde am 24. Januar 1945 in Brandenburg an der Havel geboren, gezeugt auf einer Wiese. Sie wuchs in Rotenburg an der Wümme, in Bonn und in Hamburg auf, studierte Germanistik und Theologie in Hamburg und absolvierte eine Ausbildung an der Staatlichen Schauspielschule Hamburg, die sie mit dem Diplom abschloss. Sie war drei Jahre Schauspielerin an Theatern in Wilhelmshaven, Verden und Hamburg und spielte in Fernsehfilmen und Werbespots. 1976 wurde sie bekannt mit ihrer Aktion *Lyrik im BaUCHLADEN* auf der Frankfurter Buchmesse. 1977 erschien in Köln ihr erstes Buch, der Lyrikband *Losgelebt*, im Literarischen Verlag Helmut Braun. 2002 und 2005 wurden ihre Hörspiele *unsterblich* und *www.großebrunnenstraße.de* im Deutschlandradio, NDR und Saarländischen Rundfunk gesendet. Als „Bundesdichterin" wanderte sie durch Deutschland und trat u. a. auf den Kasseler documenta 6, 7 und 8 auf. Sie engagierte sich in verschiedenen literarischen Projekten, die sie meistens gründete (Literaturpost/später Literaturlabor, AStA-Literaturkurs Universität Hamburg, Writers Room, Literaturradio Hamburg). 1998 Umzug von Hamburg nach Potsdam, dort 2001 Dichterin der Bundesgartenschau, 2012 Umzug nach Berlin-Charlottenburg-Wilmersdorf.

1989 erhielt sie den Hamburger Lyrikpreis, 1990 den Ringelnatz-Publikumspreis Cuxhaven. 1993 war sie Preisträgerin im von Botho Strauß initiierten Hans-Henny-Jahnn-Wettbewerb, 2012 im Hildesheimer Lyrikwettbewerb. Außerdem bekam sie mehrere Literaturstipendien.

Werke (Auswahl):
Vom Lieben geschrieben, Frankfurt am Main 1984 (Lyrik und Prosa); *Ich dich auch,* Frankfurt am Main 1986; *unsterblich,* Hamburg 1997 (Prosa); *Echt Himmel das Blau heute*, Weilerswist 2009 (Lyrik, hg. von Helmut Braun); *Apfelgeschichten*, Acht und Weinheim 2011; *Weg vom Festland*, Acht und Weinheim 2011 (Roman); *Mitlesebuch Nr. 126*, Berlin 2015 (Lyrik); *Poesiealbum Nr. 319*, Wilhelmshorst 2015 (Lyrik); *Bissiges Gras. Kindroman*, Acht und Weinheim 2016.

Vorwort

Frederike Frei, schon der Künstlername evoziert Freiheit und versteht sich als Gegenüber zu Fredericus Rex, mit dem sie den Geburtstag teilt, eine *Frederica Regina* – allerdings Königin nicht der politischen Machtgefüge, sondern der Wortschöpfungen und Satzkonzerte.
Sie wurde geboren, als der größte und gewaltsamste aller bisherigen Kriege für Deutschland schon verloren, aber noch nicht vorüber war, als das Überleben hohe Kunst und Glückssache geworden war. Die frühen Nachkriegskinder sind im Allgemeinen stärker als die wenig später in das beginnende Wirtschaftswunder Hineingeborenen geprägt von den meist wortlos überlieferten Kriegseindrücken und von den Herausforderungen der Jahre zwischen der „Stunde Null" und der Versteinerung des Status Quo am Ende der vierziger Jahre.

Wohl als erstes springt dem Frei-Leser die außergewöhnliche Vielfältigkeit der Gedichte ins Auge: Vom aphoristischen Dreizeiler und einem Gedicht aus 8 Worten (*Die Narbe*, S. 62) bis zum erzählenden Langgedicht, vom erotischen Appell bis zur Gesellschaftssatire, von der Feier der Natur bis zur nüchternen Bilanz von Tagesereignissen spannt sich der Bogen. Vier Zeilen reichen der Poetin, um einen unüberbrückbaren Zwiespalt zwischen zwei Menschen zu umreißen (*Im Wald/ liebte er mich …*, S. 12). Selbsterkundung an der Nahtstelle von Lyrischem Ich und leibhafter Person der Autorin ist ihr dabei eine wesentliche Methode, aber sie kann ebenso in rhetorisch-ritueller Form einen symbolischen Wettstreit der Ideen und Ideale inszenieren (*Wo bleibt das Positive?*, S. 12) und dabei in absurde Sprachspiele eintauchen (*Es ziept im Hirn hinter der Stirn*, S. 13; *Wie man sich bettet, so …*, S. 126).
Gleichzeitig zeigt sie sich ausgesprochen kritisch gegenüber den Tricks und Machenschaften artifizieller Literaten:
Wenn man sich erst mal
häuslich eingerichtet hat mit seiner
Kunst, ist es keine mehr. (*Es ziept im Hirn hinter der Stirn*, S. 13)
Auch gegenüber ihren eigenen Hervorbringungen bleibt die Dichterin in ironischer Distanz. Sie karikiert sich als *Klassenkasper* (S. 15) und als *Bundesdichterin von eigenen Gnaden* (*An die Börsenzuhälter*, S. 17), die

für fünf Mark *eigentlich unbezahlbare* Gedichte schreibt und sich als Vortragende den *Eigenheimweibern in Itzehoe* stellen muss (*Lese, Reise*, S. 16). Von sich selbst entwirft sie nicht die Idealkonstruktion einer abgeklärten Poetessa, sondern das realistische Bild einer Frau, die zeitweilig eine Sprache braucht, die wütet wie gedruckt (*Er sitzt in meiner Haut*, S. 57), geliebt werden will (*Schildkröte am Schreibtisch*, S. 26) und das Seltenerwerden der großen erotischen Abenteuer konstatiert. Für die Widersprüchlichkeit und die Antagonismen selbst der gelingenden Liebesbeziehungen zwischen Mann und Frau findet sie großartige Bilder (*Er sitzt in meiner Haut ...*, S. 57). Manches hat geradezu den Zuschnitt einer klassischen Lebensweisheit, wie man sie etwa von den Zen-Meistern kennt:

Wie wollen wir denn ans Ziel
gelangen, wenn wir nicht
loszittern? (*Ich kann ihre satten Ohren nicht...*, S. 38)

Sie begeistert sich für Märchenwelten (*Wo wohnen die Wörter?*, S. 21), aber auch in diesen ist für sie die Poesie der *Panzer* der Worte. Es wird also nicht einer romantisierenden Schönrednerei gefrönt, sondern die Klarheit der Aussage gefordert. Wenn in *Muße* (S. 30) ein Engel durch den Raum geht, ist er kein Rilkescher Weiheverbreiter, sondern harkt *die Heimkehrer/ unter die Kommandobrücke/ meines Balkons*. Die surrealen Momente (etwa in *Familienstand: erledigt*, S. 104, oder in *Bücherwand*, S. 28) verbinden sich untrennbar mit Beschreibungen der Bürgersteigbenutzer, und ein ironisches *Gerettet!* beendet die Badzeremonie (*Im Bad*, S. 40). Der Alltag wird zum Kampf mit den Objekten und mit sich selbst (*Ein Abwasch*, S. 46). Überhaupt ist die Gewöhnlichkeit der Arbeitsinstrumente, des Arbeitsplatzes und der Wohnumgebung eine Art Mantra gegen innere Krisen (*Lots Weib*, S. 49).

Für die Autorin ist es von größter Bedeutung, durch genaues Beobachten und Beschreiben einzudringen in das Wesen einfacher Lebensvorgänge, z. B. beim Essen eines Pfirsichs (*Fürsich*, S. 32). Andererseits stellt sie sich nicht nur den Gestalten der Kunst und der Geschichte (*Der Bamberger Reiter*, S. 115; *Rolandsbogen am Rhein*, S. 58; *Zur Zehnten von Mahler*, S. 60), sondern auch den Weltfragen von Tod und Vernichtung (*Schnee, schreib auf mein Grab ...*, S. 124). Literarisch gekonnt, aber bewusst fragwürdig schlägt sie einen Bogen vom *Duschwerbeprospekt 2000* (S. 79) zu den KZs und zur ‚Endlösung der Judenfrage'.

Die Natur – ob nun als eher idyllischer *Regen* (S. 78) oder als wüster Sturm (*Steht Sturm*, S. 82) - hat für diese Dichterin eine grundlegende Faszination als *Meisterwerk* (*Abendblau*, S. 74). Konkrete Landschaften beschwört sie mit knappen, präzisen Worten (*Gegend bei Wessobrunn*, S. 92) – teils objektiviert und frei von allen biographischen Bezügen (*Ringenwalde, Niemandsland Brandenburg*, S. 83), teils auf die eigene Person und Lebensgeschichte bezogen (*Seiser Alm*, S. 80). Die großen Flüsse, etwa die Elbe (*Elbe und Flut*, S. 87) oder das Meer regen sie ebenso an zu bildmächtigen Gedichten wie die Jahreszeiten (*Arena im Herbst*, S. 84; *Winter, herrische Gegend*, S. 85). Texte wie *Geballte Ladung* (S. 89) und *Wettermeldung* (S. 86) ähneln in Knappheit und Geschlossenheit nordischen Sagas. Aber es findet sich auch leichte, spielerische Naturlyrik wie in *Nachtsüber* (S. 93), wo sogar einmal ein Reim den Schlußakkord bildet, oder das auf Hugo von Hofmannsthals Gedichtanfang „Manche freilich müssen drunten sterben …" anspielende *Manche freilich hängen in den Stielen* (*Siedelei*, S. 91).

Alle ihre Stärken – Präzision, Melodik, Überraschungsmomente – spielt Frederike Frei in ihren Blumengedichten aus (S. 94 ff). In dem im wahrsten Sinne des Wortes verdichteten Poem *Rose* (S. 96) gelingt es ihr, selbst zu dieser tausendfach besungenen Blume Gültiges zu sagen:
Ein aus roter Luft
gefälteltes
Geheimnis.

Die *Hanglage* (S. 35) einer Dichterin, die am *sondern*, also an der Besonderheit des Widersprechens, den Dreh- und Angelpunkt ihrer Kunst findet, macht sie einsam und isoliert, bewahrt sie aber zugleich vor dem bequemen Abrutschen in das allgemein übliche Mitmachen und Nachahmen. Es geht ihr einerseits um artistische Neologismen (*Teletropf, spatzenwach, Immermörder* usw.), andererseits aber immer auch um die Erdung durch Worte der Umgangssprache oder des Dialekts (*Buddel, Dez, Schnute*) oder durch Redewendungen (*Pünktlich wie die Maurer; Ich*

glaub,/ es geht los). Sie setzt daher auch viele traditionelle Sprachmittel ein wie etwa Alliterationen (*Tonic Water Ton in Ton mit Tau; lose verlotterte/ Luft; Kein Knoten im Kopf*) oder komplexe Paradoxien:
Und den,
der mich warnt vor dem Weltkrieg in
spe, den stelle ich mir längst zerfetzt
vor, während ich, Florence Nightingale,
ihm beide Augen zudrücke. (*Einfrosten*, S. 45)

Immer aber wird deutlich: Das Leben dieser Dichterin, die alle Höhen und Tiefen des Künstlerdaseins kennt (*Mir sind die Hände gebunden*, S. 60), kreist um das Schreiben-Können und Schreiben-Müssen. Der Schreibstift ist ihr der *sechste Finger* (*Heimatgedicht*, S. 25), die Handschrift eine *Seele von Mensch* (ebd.). Frederike Freis Vielfältigkeit entsteht daraus, dass sie sozusagen im Innern der Wörter sitzt, in ihrer Buchstabenarmee. Das ist ihr archimedischer Punkt, von dem aus sie schreibt - in *alle fünf Himmelsrichtungen* (S. 95).

Rolf Stolz

ABERGLÜCK

eben leben

Paradies

Es war einmal
doch zweimal
war es nicht

Seeflocken
locken Ferne an

Der Deich
duftet nach

flügelnden
Blüten bei Flut

Das Leben ist so leicht
wie ich kann

Im Wald liebte er
mich
Und nicht den Wald
wie ich

Ich kroch einem Knopf nach.
Zwischen zwei Gardinen
blieb ich knien,
stundenlang.
In meinen Räumen
kann ich tun, was ich will.
Auch in meinem Leben?

Wo bleibt das Positive?

Der Riss im Ranzen repräsentiert
den Ranzen. Der Fleck auf der
Bluse erzählt von der Bluse.
Der ruppig ausgefranste Rand
ums Loch in der Hose zitiert
jede Faser, Rispe und Schlinge
im Stoff, nennt die Nähte beim
Namen, prüft sie von Anfang
bis Ende, seziert den matten
Glanz der Knöpfe, auch jedes
Fädchen, das an ihnen festhält,
betet zugleich Steg und Gürtel,
Umschläge und Hosenboden her.
Solange die Hose ein Loch hat,
spreche ich vom Loch. Und ist
es gestopft, zeig ich die Stopfe.
Und gibt es kein Loch, such ich
die dünnen Stellen auf. Ich
plaudere erst über Hosen,
wenn es keine mehr gibt.

Es ziept im Hirn hinter der Stirn

Mein Lieblingswitz? Im Märchen wünscht einer, dass alles
zu Gold wird, was er anfasst. Ich weiß in Wirklichkeit,
dass alles zu Poesie wird, was ich schreibe. Der
Mann ist Hungers gestorben.
Kennen Sie den

vom Wilddieb? Nein? Wilddieb geht durch den Wald, hat
einen Rehbock geschossen. Trifft ihn der Förster:
„Na?" „Na?" „Was hast du denn da?" „Wer?" „Du!"
„Ich? Wo?" „Auf deiner Schulter!" „Auf meiner
Schulter?

Was ist denn da? Da ist doch nichts." „Auf der andern!"
„Ach so, auf der andern. Muss einem ja
gesagt werden. - Huch!" Jetzt muss
man die Sache erleben.
Am Meer

saß mal einer und wusste immer noch einen.
Ben und ich, wir brieten so lange
Makrelen. Seither schmecken
mir keine Makrelen mehr.
Der Mann

kannte keine Gnade, er jagte die Witze noch hinter uns her
über den Deich. Wir trieben es dort im Stehen,
damit uns die Seehunde sehen.
Lyrik liest niemand mehr,
sagt mein

Buchhändler und wird sich wundern, wenn erstmal meine
Gedichte erscheinen. Der wird sich vor
Lachen nicht halten. Witze sind
hochpoetisch. Sofort machen

die Mundwinkel

Klimmzüge, und wir sehen aus wie Wyborni,
der seine Kinnlade hochkant trägt,
als er mich trifft und fragt,
was ich mache. Ich
lebe, lüge ich,

mit meiner Literatur. Jeder Tag ist ein neuer
Versuch, sie um die Ecke zu bringen,
Gassi zu gehen mit ihr, sie zu
mästen. Ich sitze mit ihr im
Eigenheim.

Täglich treffen wir uns in unserer Kuschelecke,
damit es etwas gibt, worüber ich
ungestraft nachdenken kann,
jedenfalls nichts, was den
Rahmen sprengt,

und sie ernährt die ganze Frau. Zwar spuckt sie
mir nachts in den Wein, doch die kann was
erleben. Wenn man sich erstmal
häuslich eingerichtet hat mit
seiner Kunst, ist es

keine mehr. Wir hätten nur atmen sollen, Wyborni
und ich, auf der Grindelallee mittags um halb
eins, ein- und aus. Woher nehmen die
Leute die Größe, sich nicht nach mir
umzudrehen?

Ich verrecke im blinden Fleck. Sogar Daniel Grolle weiß
sich zu erheben und eine Sitzung des
Schriftstellerverbands rechtzeitig
zu verlassen. Nur ich bin

eine der letzten,

die auf wer weiß was für Wunder wartet. Menschen sind
Magma. Das kann doch plötzlich hochkochen!
Aber sie haken ihre Tagesordnungspunkte
ab, was wird ihnen schon
passieren?

Das Meer dürfte sich teilen hinter ihren Rücken.
Daniel, stell dir vor, du bist nicht dabei, wie
wir nicht in die Luft gehen.
Hier ist doch das
Paradies?

Niemand vertreibt uns. Ich war schon immer der
Klassenkasper. Mir fehlen die Worte
plus meine drei Zahnbürsten,
die rote, die grüne und die
blaue. Ich suche sie

täglich. In jedem Laden, den ich betrete, schaue
ich mich heimlich um. „Entschuldigen Sie, habe
ich hier vielleicht meine Zahnbürsten
liegengelassen?" Kunden gucken
komisch, als hätten sie sich

heute die Zähne nicht geputzt. Ich hätte zwölf
kaufen sollen. Dann finde ich sie eher
wieder. Ich habe meinen
Fernseher verkauft,
jetzt sehe ich nah.

Ich kann Witze nie behalten. Nur den vom
Wilddieb. Nach jeder Lesung gebe ich
ihn zum Besten. Bloß nicht
während der Lesung!

Lyrik -

und dann das vom Wilddieb? Das Publikum
würde zu Stein erstarren. Doch der
Witz ist das einzige, was ich von
Haus aus wirklich
kann.

Er gelingt immer. Im Stehen, im Knien, im Liegen, nachts,
besoffen, mit viel Publikum, mit wenig, vor der
Pause, nach der Suppe, beim Käse, im
Aufzug, sogar am Telefon, obwohl
er dort nicht hingehört.

Wie einer beim Niesen laut aufschreit, weil er hier heftig
aus sich herausfahren darf, seine Seele aufreißt
und sich die Abgründe der Nase hinabstürzt,
so nutze ich diesen Witz, um einmal
aufzuleuchten im Leben.

Lese, Reise

Hier sitz ich und
bleibe sitzen, nur
Geld lockt
mich
aus dem Haus.
Schmerzensgeld, dass ich unter die Zuhausfrauen falle,
die Müttertöchterchen und Eigenheimweiber in Itzehoe
und anderswo, sie fröhlich das Fürchten lehre
vorm Einmalleben und
Immertod,

die ich bekehren soll von der ersten Unperson Einzahl
zur letzten Figur Plural oder umgekehrt und mir an

ihrem Hab- und Gutglauben an Lebenliebehoffnung
die Zähne ausbeiße. Eisern
nutzen sie meine Lust aus
auf mich,
mein Mitbringsel.
Ich muss
die Preise treiben.

Es kostet
mich. Mich gibt's nur
einmal,
alle anderen tausendmal. Man hat immer genug von ihnen.
Ich lächele nicht mehr unter Tarif und schweige mit Karacho.
Mein Leben, dieser Bissen Brot.
Lasst ihn ja zurück, den
Anstandshappen,
die kleine Schweinerei auf der Anrichte.
Stunden stürzen die Kehle hinab.
Ein Rest noch im Glas.
Guck, schluck
weg
bin ich.

An die Börsenzuhälter

Legt mir 'n kackbraunen Lappen
auf den Bauch, den Tausender
mit den Gebrüdern Grimm aus Kassel
(wieder Braun an höchster Stelle)
und ich legte mich lang hin auf die
Steinstufen wie ihr, die ihr euch
ausruht über und auch noch unter
der Erde. (Wer weiß, was hier los
war von Steinzeit zu Bronzezeit,
von Papier- zu Plastikzeit - was bloß

noch alles?). Leute auf Stufen gesät,
andere halten sich aufrecht. Sie
steigen die Freitreppe auf zur Kunst
und ab nach Kassel wie die Engel in
Jakobs Traum (Marschieren wieder
welche). Nur diesen Tausender.
Und niemand vermisste sie hier, die
Bundesdichterin von eigenen
Gnaden, die mit Grölheinis, Punks
und Feuerschluckern um einen
Platz an der Sonne Publikum
ringt. Euer Fünkchen Mitlust im
Blick, der sich reibt an meinem
lappigen Lorbeerkranz. Dies
Einmalglück von Mundwinkel
zu Wundwinkel. Lachen, der
Schlusssprung mitten ins Gesicht,
die Stirn hält sich raus. Wie viel
Liebe ich scheffele in der Not.
Liebe geht über Leichen. Kein
Beifall, lasst die Gesichtsmienen
hochgehen, werft euer Lächeln
weg, es ähnelt euch nicht. Meine
Kür, eure Pflicht: Her mit dem
Schein. Übt ihr nicht längst *Loslassen*
in den heiligen Hallen eurer
Wochenendseele? Ich lebe nicht
ewig, ich Ärmere. Mit einem
Braunblatt bleib ich euch satt bis
zum Winter. Und wieder ein
Poem für fünf müde Mark, weil es
unbezahlbar ist.

Zum Kringeln

Es ging mich nichts an,
warum anderer Leute Rauch
ungerade aufstieg,
bis mein Rauch
auch
schief lag.

Unentschuldigt gelebt

Aber begeistert habe ich.
Dann starben meine Hände ab.
Ohne Hände kann man nicht.
Doch sonst bin ich.
Habe wenigstens nie.
An mir liegt es nicht, wenn.

Hornhaut auf der Stirn

Früher bin ich allen auf den Wecker gefallen,
weil ich nuschelte.

Seit ich nicht mehr nuschele,
fallen mir alle auf den Wecker.

Ich habe Probleme mit meinem Verleger,
denn er hat keine mit mir.

Er zieht mir die Schuhe aus,
schon steh ich im Hemd.

Man wird höchstpersönlich geboren

und niedergewalzt

oder zur höchsten Persönlichkeit,
die niederwalzt.

Kaum steh ich kopf,
steht mir der Kopf.

Die Lottozahlen hießen heute:
nein nein ja nein ja nein Zusatzzahl naja.

FreiSpruch

Schrieb schrab schreibeschraub
verschrieben schreibt wer
Schreibern glaubt

Schrob schrab schraubeschrieb
verschroben schreibt wer
Schreiber blieb

ORT WORT

Wo wohnen die Wörter

Im Untiefen, wo die Schwatzlust
hockt, im Hoch, wo sie aus prallen
Satzschoten rolln, im Schlaf. In der
Stille des Sturms. Im Ängstchen. Im
ruhig Blut. Im unwirschen un-, in der
Einsilbe nein, im Nachhall des Ja. Im
Zimmergrau, im Immerblau, im... im ...
Hollerbeersekt. Warum nicht? Es ist ein
ganz altes Rezept. Eins im Sinn.

Alle anderen immer auf Achse, die
Tippelgeschwister. Im Wohnwagen
wagen sie zu wohnen. Am Ende
der Welt, am Anfang der Sätze. Sie
drängeln sich im Aus, um gleich an
die Reihe zu kommen, um einzuziehen
schön in Geschichten, Gedichte, am
liebsten in Märchen. Schon sammeln
sie sich als Läuse im Pelz von Allerleirau.

Wörter, wache Wutkörperchen, hetzen
zur Wunde, wenn wer wen verletzt.
Sie stehen ums Bett der Prinzessin auf der
Erbse, flüstern hinter der dreizehnten Tür,
siedeln auf toten Frauenlippen im Keller
des Blaubarts, versenken sich in den tiefen

Teich beim Eisenhans, schaffen sich Raum
zwischen den Zeilen, sammeln sich in der
Löwenhöhle des Schweigens und stolzieren

        Wort
         für
        Wort

      als Worte
               hervor,
ihr
Panzer
           Poesie.

Wenn ich das Sagen
besäße,
wenn ich nötig wäre
in Not,
ich ließe die Blätter reden
mit Menschenzungen.
Sie
schwiegen
gellend laut.

Der Himmel dünn, dünn, dünn.
Die Häuserreihe ein lockeres Gebiss.
Auch die Menschen sind verschlissen,
das Futter hängt raus. Der Frühling
ein fadenscheiniges Tuch, das sich
auf allen Unrat legt dort, wo die
Bierbuddel wächst. Mohrle liegt in

der Sonne autotot. Achtlos läuft eine
Amsel am Schatten der Mauer
entlang. Jetzt köpft die Kante den
Schattenleib, der kopflos in das Maul
der Mauer läuft und nichts ahnt von
Lyrik seit tausend Jahrzehnten.

Abend, teuer

Man liest nicht mehr,
schreibt eine, die
gelesen werden will.

Der Satz schafft Platz.
Buchstaben lockern
sich, fallen aus.

Ohne Biss mümmeln
Hirne vor sich
hin. Alles sitzt da,

steht da, sieht fern. Was soll
ich sagen von Jahren,
die ich am Teletropf hing,

von Tagen, an denen ich
lieber Leute zum Bildschirm
einließ als zur Tür.

Meine beiden Leben, das
schwarze und weiße, gab's
endlich in Farbe, seit ich

mit dieser Beziehungskiste
verabredet war, um nicht
unglücklicher zu werden

übers Wochenende. Ich lebte
von Luft und BAT VIII und
suchte mich auf jedem Kanal.

Bilder hetzten die Lider,
drangen in Höhlen,
pumpten Augäpfel auf.

Entleibte nahm ich für voll,
starr stand der Wald, Krieg
war mit Händen zu greifen.

Sein oder Nichtsein, das war
keine Frage. Tausend Jahre sind
vor dem Bildschirm ein Tag.

Ich blieb stehen
wie Uhren in
Katastrophen.

Heimatgedicht

Hasse mal 'ne Geige? Kurzer Hand
amputieren sie meinen sechsten
Finger. Schlange stehen sie

nur vorm Schlachter, niemals
vorm Schreibwarenladen. Wer

schwärmt noch von Sätzen oder

hält sie fest wie Geld? Warte, ich
hol was zum Schreiben. Meilen
verwandern sie, ohne auf ein

Schreibgerät zu treffen. Wie
ausgestorben ihre Räume, wie
wüst ihre Schränke, um mir

zu zeigen, wie überflüssig
ich lebe. Mein dickstes Fach
nur für Stifte. Ich finde nichts

zu schreiben, wimmeln sie mich ab.
Ihre Handschrift, diese Seele von
Mensch geht verschütt.

Sie schreiben sich auch nichts ins
Hirn, lassen es nicht fließen
schwarz auf weiß,

geben nie preis. Sie schauen sich
auch keine Wörter mehr an,
ziehen nicht in sie ein.

Sie ahnen nicht, wie man wohnt
im Wort. Wie das *W* umärmelt
und das *oh* heimholt, das *n* die

Tür nachdrücklich schließt. Ein
doppelter Punkt hilft schon
über die Grenze. Der *i*-Punkt

ein Freund im Feind, *ö* die Lösung.
Die zwei Augen über dem Vokal

sind doch eine reizende Gesellschaft.

Ein *ü* ist ein Rettungsboot.
Guck, da dümpelt's. Wie
sie Land gewönnen!

Schildkröte am Schreibtisch

Gespannt belauert mein Rücken das Unglück
der Welt.
Ich ist gewappnet
mit seinem Knochenbau
unterm Tisch.
Meine Weiche
schämt sich nicht
da zu liegen
offen für dieses und jenes
(jenes immer seltener).
Und die Augen wachgespült
linsen nach dem Landesleid,
um es den Händen vorzuwerfen
aufs Fließpapier.

Intercitoyenne, Zwischenstädterin,
ich Inzwischenverstädterin, der
Bundesbahn ins Streckennetz gegangen.

Kollege Michael Kellner, ich höre, Ihr
habet auf Reisefüßen im Intercity Hölderlin
geweilt und alsda ein Poeme gezeugt.

Euer Schatten im Geiste schwebt mir

zur Seit, das Antlitz eurer Worte
mir gegenüber – lassen Sie lesen!

Hölde Welt, derer ich trunken,
auch ich möcht mein Seel
hier zur Ader lassen.

Bücher halten zusammen, wehren
sich hartherzlich, öffnen sich, liegen
zu Händen, zeugen und empfangen,
durchschauen dich Blatt für Blatt.

Zentner schleppte ich weg auf
zu kurzen Reisen. *Was ist denn
in diesem Koffer? Der ist ja wahnsinnig
schwer!* Träume wogen schwerer -

Bücherwand

Sie weiß alles
besser und
schweigt mir
rein so laut,
dass ich mein
eigenes Wort
nicht versteh.
Was für ein
Biest. Nur ein
Ausfallschritt
von ihr und ich
raste aus, ab
in die Irre.
Tückisch drückt
dieser Grizzly
aufs Haupt, will
mir das Wort im
Leibe ersticken,
droht mir mit
seinen kunter
dunklen Krallen.
Reißt er sein
Maul auf, dreh
ich mich weg
und stopf es
mit mir. Schon
holt er seine
Bundesgenossen,
das Türblatt, es
macht mobil:
Zimmerkrieg.
Es ist groß und
weiß und sagt

und sagt. Da
schreib gegen
an. Ellenbogen
halten was ab,
spitz stechen
sie quer, doch
Finger zeigen
zurück auf den
Muskelprotz,
den Orden im
Brustkorb, ein
für allemal
verliehen. Die
Minute ist das
Gesamtwerk
fällig. Ruppige
Stapel Papier,
schockschwere
Ordner. Dass
mir Technik
nicht hilft! Sie
tut nur was
sie kann. Ich
brauche ein
Telefon, das
tippt, ein Sofa,
das Klavier
spielt, ein Herz,
das quer
schlägt, eine
Sprache, die
wütet wie
gedruckt und
Prosa, die zum
Ende kommt,
bevor sie

beginnt, plus
eine Lyrik,
die präzise
Einkaufszettel
entwirft aus
dem FF. Ich
muss ewig
leben, um
fertigzuwerden
mit Leben. Ich
wohne schon.
Die Bilder
werden noch
heute gehängt.
Vier Himmel im
Zimmer zum
Fliegen: Celan,
Cézanne, zwei
Fenster blau,
eins mit Sonne
von van Gogh.

Muße

Halb zieht es sie, halb sinkt
sie hin, zurück bleibt ihre
Schamröte.

Die Schwalben schwelgen
hoch und höher. Ein Engel
geht durch den Raum.

Er rührt nichts an, doch zieht
er die hellen Straßenlaternen
hinter sich her.

Jetzt harkt er die Heimkehrer
unter die Kommandobrücke
meines Balkons.

Stählern starre Silberfische
legen ihre weiße Flugspur
von der Pappelspitze

bis zum kupfergrünen
Turm. Sonntags spielt er
Spitz pass auf! und stülpt

den Glockenstuhl über
eine vereinzelte Seele.
Ich spioniere den

Bürgersteig aus, guck,
was da stöckelt und
stakst, tritt und trippelt,

Herr und Hund,
Tante und Taube,
erspähe Nähe,

bespitzele die Schritte,
halte jeden Hüftschwung
fest, schnüffele

schnüffelnden Hunden
nach, zitiere sie
alle aufs Papier.

Notiere, was ich weiß
über sie und sei es, dass
sie ihren Weg fortsetzen.

Ich lebe ein und aus
mit Geld und Arbeitsamt
und Sozialisierung.
Du
nanntest sie Blüte und
Tote und schmerzliche Sterne.
Else,
wenigstens nehme ich den
taubenblauen Filz.

Fürsich

Wie isst wer Pfirsich? Wie,
wie genau? Dass eine ihn
unter Wasser hält, um ihn
von Gift oder Geifer zu
befreien, kann ich mir denken,
auch, dass sie ihn auslutscht
wie die Liebe. Braucht sie ihn
als Kuss? Ihre Lippen landen
im Innern, saftselig, samt und
süß. Aber dann? Kratzt sie
noch jede Kernpore einzeln
aus, hilft jetzt mit Stecknadeln
nach, lupft die Fitzel und
Fasern von den Innenrinnen,
bis das Geripp säuberlich in
ihrer Hand liegt, alles
Fruchtfleisch zernichtet
zwischen Zunge und Zahn?
Bewahrt sie den Obstskalp
noch auf, die Trophäe ihres
Erfolgs als Zeichen für
Hausrecht & –ordnung?

Lässt sie ihn austrocknen in
der überhitzten Zimmerluft,
bis ihm das Wasser zwischen
den Holzrippen vergeht und
er völlig verstaubt, nachdunkelt
in den Dellen und sie ihn
dann los wird, des Pfirsichs
Kern? Das geht mich an.
Wie sie den abgetakelten
Obstknochen plötzlich und
unerwartet wegwirft. Das ist
ihr Leben, erst das ist Leben,
das geht mich an, das mal ich
mir aus. Da beiß ich hinein.

Nation Ich

Ich klopfe an ein hochgeschlossenes
Autofenster, um wem den feinseidnen
Regenbogengürtel im blaubeerblauen

Hängebauchhimmel zu zeigen. Der
fühlt sich gestört. Im Schlittenfahren
sind wir Weltmeister. Die nasse

tausendfingrige Schwärze liegt im
Land. Jeder Blechinsasse endet
wie ich im Saugnapf Wohnungstür.

Spatzenwach wanke ich, eine
lichtbesoffene Eule, zwischen meinen
Möbeln umher. In der von Nacht

grundierten Fensterscheibe spiegelt

die Messinglampe meinen roten
Lotterpulli. Schon denk ich an

Deutschland. Es hat mich auf dem
Gewissen mit meiner Dauerlaufhose
plus Samtflicken auf dem Po und

dem vom großen Onkel durchlöcherten
Puschen. So jemand kommt in
Frankreich nicht auf die Welt.

Kaum über die Grenze zurück,
überfällt mich meine Nation und zeigt mir,
wie biestig ich von unten schrubbe.

Im Olympiastadion von Berlin
begrüßt mich zuerst die
Chlorgasanlage.

Deutschland, Duschland, Dutzendland
und Millionen Zerquetschte. Gretel
bin ich, mein Land die Hexe. Aber die

Hexe war mal ein Gretchen. Dusch das.
Hau den Lukas. In dubio pro Deutsch.
Bronzesoldat reißt seine Kerzenkrallen

hoch: Still gestanden! Mich bedroht
mein Leuchter. Schickes Geschick.
Keiner küsst oder köpft mich.

Eben zitier ich die Wälder aufs Papier,
da sterben sie aus. Jetzt machen
sich die Sätze über Wiesen her.

Was bleibt mir übrig? Ich

bin aufs Äußerste
gespannt.

Hanglage

Ich hänge nicht an meiner
Nation, sondern an meiner
Sprache. Nicht an meinem
Land, sondern an den
Leuten. Nicht am Staat,
sondern an der Gegend,
nicht an Europa, sondern
am Klima, nicht an meiner
Straße, sondern an meiner
Wohnung. Nicht an meiner
Wohnung, sondern an
der Wohngemeinschaft,
nicht an ihr, sondern an
mir, nicht an mir, sondern
an meinem Leib. Nicht am
Leib, sondern an der Seele.
Nicht an der Seele, sondern
an der Freiheit, nicht
an der Freiheit, sondern
an der Wahrheit, nicht
am nicht, sondern am
sondern.

ich mich

Immer hab ich Lust auf alles.
Grausam. Ob ich zum Griechen
gehe oder zuhause hungere,
immer sitz ich begeistert in
meiner Gesellschaft. Kauf ich
Kuchen, ist es toll, dass ich
Kuchen gekauft hab. Kauf ich
keinen, ist es toll, dass ich
keinen Kuchen kaufte. Ich bin
doch eine arme Irre. Nie fall
ich tief und fall ich tief, bin ich
froh, die Welt von unten zu sehn.
Immer sperr ich den Schnabel
auf: Ein Wörtchen für mich,
keines für dich, die guten ins
Töpfchen, die bösen im Köpfchen.
Ich kann auch kaum trauern,
schon bin ich hingerissen vom
Tränenstrom. Was er weg
schwemmt und wie zierlich er
versiegt. Schön aufgeweicht der
Seelenboden, hoch aufgeschossen
das Gras, das drüber wächst.
Nicht einmal das Wetter
bedrückt mich. Es wechselt sein
Kleid, um mich zu überraschen.
Trägt es lange dasselbe, fühlt es
sich darin sauwohl und zählt auf
meinen Beifall, den es auch
kriegt. Nie stöhne ich mit anderen
mit und sehe Grund, mich zu
beklagen. Ein Freudenfädchen

find ich immer. Wie soll ich
etwas zu sagen haben, wenn ich
alles nehme, wie es kommt?
Hauptsache, es kommt. Wie soll
ich bloß Romane schreiben,
wenn ich schon entzückt bin,
fünfzig Cent zu finden? Schon
zehn. Naja, zehn… Und doch!
Wenn er da liegt, der eingelaufene
Groschen in ranzigem Gold, dann
steigt das Blut auf die Barrikaden,
die Finger grapschen hin und
kennen nur Reichersein und Haben.
Und die Lust fährt Paternoster
in der Brust, oben um die Kurve
und juckelt wieder runter. So geht
das schon ewig. Allen glaub ich
aufs Wort, jedes Wort eine Welt,
jede Welt stimmt so. Und nicht
für fünf Pfennig Lust, aufzuhören
womit auch immer.

Ich kann ihre satten Ohren
nicht mit Argumenten füttern, ach,
sie lehnen die Gefühle ab,
die zu meinen Augen raushängen.

Mut zur Angst!
Könnt ihnen immer nur den Kopf
verdrehen, damit sie alle Wege
sehen, verstehen und gehen.

Wie wollen wir denn ans Ziel
gelangen, wenn wir nicht
loszittern?

Beeindrückendes

Meine Augen sind nicht sonderlich geschnitten,
der Mund ist ausgesprochen groß.

Wimpern sind zwar da,
es fehlt die hohe Stirn.

Haare zu dünn,
Hüften zu breit,

null Hinterkopf,
Knubbelnase,

zu kurz,
zu klein,

das Zentrum
der Welt.

Was
sonst?

Das Kinn in der Hand,
an der Wange, das ist Heimat. So
lässt sich leben. Nichts schiebt sich
zwischen Haut und Haut. Ohne sie
säße ein Ungeheuer am Schreibtisch.
Lägen meine Muskeln frei, griffe ein
Monster zum Tipp-Ex. Heimatlos.

Im Bad

Der Wattebausch tupft eine Flohspur
über die Gemme meines Gesichts,
füttert die Poren bis zu den Ohren.
Tonic Water Ton in Ton mit Tau.
Dass ich nicht daliegen muss vor
dem Portal unterm nassen Ilex im
Pennerpelz
eingepfercht
ins strenge Mittelalter der Gerüche.
Nirgends ein knastgelber Mond,
kein frostiger Zaun, kein Neubau,
keine Nachbardogge, kein kleinster
Knöchel muss als Spion in die Kälte
hinaus. Der Fensterkitt hält dicht.
Vor eiskalten
Regenrinnen
schwitzende Fliederkacheln. Venus
in der Dusche, nackt im Gehitz, heilig
gesprochen als Gast garni, entsteigt
dem Wannenrand. Badenebel quillt.
Der Plafond tut sich auf und spricht
sein ‚Gerettet!'

Ich freu mich auf morgen,
wie auf ein Eis, das einer
ausgibt und das - pass auf!
- wegläuft. Ich krieg ihn
noch einmal den Morgen,
nicht als Kopie, im Original!
Ich lebe, seit ich sie kenne,
die Angst, diese Nachteule,
die durchmacht bis morgens
früh und den Langschläfer
Tod, der wie von der
Tarantel gestochen aufsteht.
Schon bin ich wach wie ein
Wolf. Wenn alles gut geht,
mich nachts die Stille nicht
weckt, das Tageslicht
erscheint pünktlich wie die
Maurer, die Stein für Stein
meine Aussicht verbauen,
auch die Wohnung noch
da liegt, ohne dass sie
mich von hinten überfällt,
dann greif ich sofort – Platz
da! ich komme! - zur
Wohnzimmerklinke, zieh sie
mir 'rein diese Droge, drücke
sie gegen den einzigen
Widerstand, der mir entgegen
kommt, die lose verlotterte
Luft und genieße die
Kadavertreue meiner Möbel
vom Radiergummi bis zum
Ohrensessel. Stühle, die
Geduldslämmer, nicht
einer aufsässig, geschweige
verrückt. Hocke dann da am

Fensterplatz, den ich mir
nicht reservieren lassen muss
und gucke drauflos. Die Stadt
hat mich beim Namen gerufen,
sie ist mein. Ich behalte die
Hände im Schoß und lasse
die Welt mit mir ohne mich
ins Verderben laufen, ich
habe nur Lust auf Lust. Es
geht mir zu gut. Ich muss
nicht in Urlaub fahren,
mich nicht erholen, kann
sitzen bleiben, darf einfach
auf der Stelle treten und
Wörter in Sätze fädeln, um
sie auf Zeilen zu reihen,
hübsch diese Angebinde.
Kein Mensch reißt mich
weg, keine Not droht im
Moment, keine Anstg,
Agstn, Angst ist schwer zu
schreiben. Man muss schon
sehr genau hinsehen, wenn
man sich nicht vertippen will.
Aber sonst geht's mir danke.
Danke.

Humpelstilzchen

Ich bin vielleicht eine ..., ein -, also
erst bin ich beleidigt, dann erzähl
ich die Sache als Witzchen
weiter.

Kein Knoten im Kopf. In
den Ohren heillose Töne,
Niagarafälle Musik, ein
Glücksfall. Ich muss, ich
will mich bedanken beim
Bezirksamt für diese
Sonntagsbratenwohnung.
Eigentlich kann ich mich
auch bei mir, das heißt -
ich wusste, es gibt Probleme
mit dem Glück. Es ist nicht
einfach zu genießen.
Hier sitz ich
mit molligem Bollerbauch,
heilem Mummelschoß,
Murmelhals und Mamamund
wie mein Fuß im Puschen.
Die pink gelackten Plastiksets
wären mir im Traum nie
eingefallen. Glück, gerade
jetzt Komma jetzt – Periode.

Bettlektüre

Ich liege im eigenen Bett.
Keiner dreht mich auf den
Rücken oder beschlagnahmt
die Bettdecke. Man lässt
mich liegen. Zwar besaß
auch Janka ein Bett, aber
durfte nicht drin liegen,
ums Verrecken nicht. Wie
selig er gewesen sein muss,
nach fünf Jahren Eiszelle

und den beiden Besuchstagen
seiner Frau, zurückzukehren
in seine Molle. Mein Bett
und ich, wir haben uns jäh
an unser Glück gewöhnt seit je.

Zahn und Zunge

Zahn und Zunge sitzen wie 'n Sieb im
Maul, au Backe. Ängste müssen aus 'm
Kopp wie Haare aus'm Abfluss. Durch
diesen heißen Hals muss sie kommen,
die Heidenangst, mit lauen Augen,
eisigem Speichel. Wer tauscht den Atem
mit mir? Ich arme Schluckerin muss
meinen ganzen Kopf herunterbringen.
Das Schlimme ist, er kommt mir immer
wieder hoch. Der Schädel, der dicke,
er will nicht den Weg alles Sterblichen
gehen. Zunge, die fette Amöbe, wälzt
sich vor zum Tor im geschlossenen
Zaun aus Zähnen. Palisaden des
Schweigens. Ich habe harte, heile.
Sie halten einander in Schach, lassen
nur ab und zu einen ausfallen, ich speie
ihn unauffällig ins Taschentuch, die
Nase im Nessel versteckt. Atemreste
zwischen den Zähnen. Ein Gefrierfach
der Gaumen. Noch hat er Auftrieb,
der Dez, noch hält er sich aufrecht.
Wenn er doch sänke, mir auf die
Brust, nichts, nichts bliebe beim
Alten.

Unterm Hemdbluseneinsatz
vipert's, vieht's, zwischen den
Lippen zischelt's, ich persönlich
führe stets den totalen Krieg
bei Bedarf, ohne wen groß zu
fragen. Ich steh im Kreise meiner
Feinde. Sie folgen mir auf Schritt
und Tritt in Gedanken, Worten
und Werken. Ausgerechnet mich
wollen sie heil. Sie wittern meine
faulen Stellen, diese einzig artigen
Freunde, die mich leumden und
läutern.

Einfrosten

*(Rüstungskontrollpolitik:
Idee des Einfrierens der Nuklearwaffen)*

Liegen Waffen im Packeis wie Aal in
Aspik? Werden neben Autos auch
Würstchenbuden eingefroren? Die
Mode? Der Klöppel im Glöckchen
um meinen Hals starr. Man hat
meiner Angst den Boden unter den
Füßen weggezogen. Vom Munde
hatte ich sie mir abgespart und für
den Ernstfall aufgehoben. Ich
genieße mein Leben wie eines von
früher, mit Cremetörtchen, Tüteneis
und güldenem Wein. Und den,
der mich warnt vor dem Weltkrieg in
spe, den stelle ich mir längst zerfetzt
vor, während ich, Florence Nightingale,
ihm beide Augen zudrücke.

Ein Abwasch

Ich bücke mich über die Spüle.
Rotz rutscht jeden Moment die
Schnute herunter. Es geht abwärts
mit mir. Das Jungfernhäutchen
eingetrockneter Milch über der
Löffelkuhle schmilzt in heißer
Plörre. Bratenrest löst sich vom
Rand. Jeder Teller kriegt seine
Abreibung. Ich wasche meine
Messer in Unschuld. Handgelenke,
klebrig ölige Möwenvögel mit weit
ausgebreiteten Fingerschwingen
bäumen sich auf, erspähen den
Dreck, stürzen sich auf Näpfe in
Nischen und Besteck im Eck,
machen sich über Schüsseln her,
zerren sie unter Wasser, trachten
Speiseresten nach dem bisschen
Überleben, gurgeln sie ins Tiefe.
Das Wasser lau. Abwasch macht
schlau. Eines weiß ich genau: Ich
lasse sie laufen, die Nase, Fäden
ziehen, hineintropfen in die fette
Brühe. Ich sehe es kommen, das
Tempo bleibt glatt da liegen. Wenn
ich mir jetzt die Nase putzte nach
Regeln und Benimm, ich würde
                    verrückt.

Frau auf Grau

Schön, dieser schmerzende
Fingerknöchel, dicht am
Wangenjoch. Ich lebe also
noch. Wie ich wieder da
kauere, keine Hand frei
zum Schreiben. Die Rechte
quetscht das Ohr, das jetzt
nichts mehr hört von San
Salvador, die linke zwängt
sich zwischen beide Schenkel
für eine Hand voll Wärme.
Mein Bein hält mir die Waage.
Die Zehen zwinkern im Knie,
eine Mengenbewegung. Mein
Fuß zuckt zum Polster, dieser
Aufruhr! Ich sehe der Zeit
zu, wie sie sich schleicht
und warte ab, bis Krieg oder
- Krieg entschieden sind,
beruhige den aufgekratzten
Pickel. Das Ohr begleitet ein
Trampeln auf der Treppe bis
in den Keller. Der erste verlässt
das Haus. Ich hocke hart an der
Schreibtischkante, übe den
aufrechten Sitz an vorderster
Front. Ich bin das Mahnmal
für die Unbekannte, ein Inferno,
wenn ich ausbreche. Niemand
will meine Papiere sehen,
keiner nimmt einen Fingerabdruck.
Mein Teppich breitet die Arme aus,
wo immer ich niederliege, ein
Freundeskreis. Durchmesser

meiner heilen Welt. Fest
angetackert ruhe ich mit der
Wanderrippe auf meinem
Grund & Teppichboden. Ich
fühle mich berührt von der Tür
zum Flur. Flor. San Salvador.
Mein Daumen hat sich frei
gekämpft. Vom Ellenbogen
schießt Blut in die aufgerissene
Achsel. Ich liege der Stille
geschlossen im Maul. Keiner
reißt an meinen Haaren
oder zündet mich an. Die
Zeit zergeht hier mit mir
geschieht so viel in Germany.

Lots Weib

Aus meinen
Poren tritt Schwitzwasser
und gefriert.

Ich hänge an
meinem Füller, meinem
Tesaabroller aus Beton, an
der Schere, dem Stift, am altgrauen
Adressbuch, an der wohl fünfmal übermalten
Küchenbank mit dem Griffloch in der Mitte, am Hefter mit dem langen
Arm, an der Beulenhose mit dem Pavianflicken
aus Samt, an meinen Puschen mit dem fleisch-
farbenen Pflaster über dem ausgefransten
großen Zehloch, an der Brandmauer
gegenüber mit FREIHEIT FÜR
ALLE in Kreide und FICK
DIE BULLEN in Lack
signalrot.

Man muss sich doch umsehen,
wissen, woran man sich halten
kann in der Not.

leider Leid

In memoriam

Im blauen Augusthimmel
ein weißes Flugzeug
das blinkt.
Fleck werden auf der Brücke.

Quälgeist

Ich feudele die Dielen.
Um mein Kreuz zu schonen,
richte ich mich auf, lese
Zeitung, die vom Stuhl

*„an einem geheimen Ort eingesperrt
der sich in der rue Borgono …"*

herabhängt. Ein geheimer Ort?
Ich überfliege das Papier auf der
Suche nach einer Antwort. Beim
Umblättern entdecke ich die…

*„Ich versichere Ihnen, dass die von
der Silla ausgehenden elektrischen
Leitungen…* **ach Ladungen,** *viel stärker…*

…wunde Stelle unterm Daumen
gleich beim Puls, kneife die Häute
zusammen. Dieser Schmerz!, er
hört nicht auf, der Splitter treibt…

„. . ., so dass der gleiche Folterer begann, …"
Derselbe heißt das!
„… Herzmassage anzuwenden,
damit sich eine normale Tortur wieder…"

…quer! Ich werd wahnsinnig.
Das muss tief stecken.

Shopping

Man stellt sich nicht neben
mich und fragt nach Valium
und Thomapyrin. Das kann
man mit mir nicht machen.
Ich bin kein Unmensch, der
wen in Ruhe lässt.

Valium & Thomapyrin.
Nicht in die laufende Trommel
greifen. Ich möchte sie abbeißen
lassen von meinem Butterbrot
in der Faust, aber reiße ihr nur
die Tür auf wie verrückt.

Valium & Veilchen,
Levkojen und Thomapyrin,
Benn, du musst ran.
Astern und Arzt,
Apotheke und Anemone
Benn, du bist dran.

Kerze

Ein Flackervogel träumt vom Feuer
und die Welt scheint ungeheuer
heiß ins weiche Bett,

doch der Docht frisst jeden Traum
und verspeist die Lichtgewichte
hell und schnell.

Prima, dass du mich in den
Orkus warfst. Dass du so
gütig warst, mich unten sitzen
zu lassen. Der Krater spie mich
zu neuen Sternen.

lieber Liebe

Litanei

Ich liebe
die Wiesen, die Kiefern, die Riesen,
die Wälder, die Blätter, die Gräser,
Wörter, Wege, Wasser und
wie.

Über die Liebe

Ich stell' dir die Haare zu Berge
jage dich Täler tief
und höher die Höhen,
sitz' dir in den Finger-, Haar- und
Zehenspitzen, leg' mich quer zum
Hirn, seh' dir leiser weinend nach,
stehl' mich davon über die Grenze
Erinnerung.

Ich, die Liebe. Immer über mich
führt der Weg

Gras mich du grauser Hengst,
ich ängste mich ohne den satten
Blubber, den mein Herz tut, wenn
es in deine Seuche sumpft.

Hochrote Rostflecken auf
den Güterwaggons wie
Unterhosenzwickel an
gewissen Tagen. Rot, rot.
Kommen Sie. Gehen Sie.
Die Liebe ist eine Bluterin.
Los Herz, beweg dich, schlag
zu.

Rohkost

Ich wittere gen gestern,
rieche den Schweiß
seines Angesichts. Er
winkt mir mit feinen
Fahnen zu im Vorüber
seiner Gestalt.
Nachschnuppern hätt' ich
mögen, ihn schnappen,
ganz und gar, nicht nur
den Kopf auf einem
Silbertablett, kross die Hüfte,
eine Lende zart, weich
die Seite, süß das Grübchen
über der Scham, schön
gespannte Hochebene Haut
aus Fleisch und Blut und
Sehnenzadder, bissig
bist Du, gut durch, ich
werde mich hermachen über
den Duft aus Dutzenden
deiner Drüsen. Die sprühen
mit Händen zu greifen: Geist.

Seebeben im Kopf

Wässerchen laufen zusammen
Der Nachen teilt das Schilf und
schiebt sich durch Sumpfblüten.
Mein Leib treibt kieloben. Ein
Salm zieht ein. Wühlt sich wohl.
Höchste Flut. Bis die Sinne untergehn.
Der Nachen dümpelt. Hol över!

Lawine Lust

Mein Geliebter ist ein Komet. Der steht genau
über mir, wenn ich die Augen schließe, so dass
ich mich hinter den Wimpern vergnüge mit der
Erinnerung an süßere Tage voll Eis und Leisesein.
Das Feuer baut Berge. Wir glucksen nur: wärmer,
wärmer! und wohnen so schön wie König.

Er sitzt in meiner Haut
weiß mit, schaut mich
durch und durch, hilft
mir verhofft, häutet sich
heimlich. Ich hinke hinter
ihm her, stell mich auf
eigene Füße: „Gehen wir."

Rolandsbogen am Rhein

Ah, da steht sie, die römische Zahl
auf stämmigen Beinen, hält fest

zusammen. Zu zweit schritten wir
hindurch, doch jeder war für sich.

Diese wild wachsende Haarnadel, die
locker Tannengrün und Burggrau feststeckt,
Henkel am Berg, die hochgezogene Braue,
sie wurde zum Mitwisser meiner Vision.

Ich sah uns erst zusammenbleiben,
wenn einer den andern verlassen will.
Als ich mich später von ihm befreien wollte,
oder ihn freien, eines von beiden,

hatte das Steinnadelör längst entschieden.
Es bog uns zurecht, klammerte uns
zusammen, weit sichtbar
vorm Abgrund.

Pass auf, Frau, dein Mann
lässt dich laufen, um dich
zu fangen, ängstigt dich,
um dich zu trösten, fällt
dich, um dich aufzurichten,
stiehlt dir die Macht, um
sie dir zu schenken, trägt
Sorge um dich, damit du
dich um ihn sorgst,
kümmert sich um dich,
weil du ihn kümmerst,
verdient an dir, solange
du ihm dienst, liebt dich,
damit du ihn belebst,
lässt dich leben, um nicht
auszusterben.

Her mit den Tränen

Lass dich nicht rühren,
rühr dich.
Versteh Bahnhof,
lass den Zug
abfahren.
Pack aus, du bist da.
Ein Schritt daneben,
ich glaub,
es geht los.
Du willst fliegen lernen
und nimmst deinen Hausstand mit?
Festgezurrte Ängste,
aufgequollene Sorgen, schwer
verletzte Hoffnungen.
Nicht ärgern, ändern.
Pustekuchen macht nicht satt.
Probier die Göttinnenspeise.
Ich bin gespannt auf deine
Untat!

Wir schwachen, wachen, wilden
schwestern wir, wir wittern wut
bis in die wurzeln und wollen uns
wer weiß wie weich und wie lange
schon alle in den haaren liegen, was?

Not war

Ich kann nicht schreiben, mir sind die
Hände gebunden. Sie setzen den
Knieglatzen Kapuzen auf. Was
alles zwischen Schenkel passt.
Luft und Liebe und die Hand,
die den Wasserstand misst, die
wie die Hexe Hänsels Finger, prüft
ob es feucht und feuchter wird.
Ich knie nieder vor der Maschine.
Die kann schreiben. Jedes Wort
macht Sinn. Doch sie schreibt sich
nicht von allein. Sie lässt nur ihre
Kabel heraushängen und schweigt
sich aus. Sie kann sich nicht schreiben.
Papier kann sich nicht lesen. Nichts
kann sich. Auch Krieg kann sich nicht
ereignen. Das kann jeder schreiben.
Nur ich nicht. Wie denn? Bei jeder
Demo reibe ich mich auf.

Zur Zehnten von Mahler

Kirchengewittersaitenstreiche,
Cello tremolo für Honigpranken.
Töne fallen auf die Knie im Hörsaal
der Ohren. Das Gras wächst
zurück. Ich hocke noch unten, doch
oben setzen sie schon den Gulli ein.
Schmeißt mich einfach um.
Kaum hab ich laufen gelernt,
schmeißt mich mein Herz um.
Ein Weg gabelt sich, um zu umarmen.

Früher fütterte man mich mit
Frühlingswiesen, heute mit -
endlich der unendliche Ton.

Der Mond früh

In den Gärten
Sein silbernes Werk
Dein Freund schrecklich seine
Backen seine Beine gold.
Wein weidet am Tor
Im Schoss dein elfenbeinerner Turm
Ich beschwöre euch Freunde
Strömt wie die Hölle
Aber werdet Salbe inwendig
Ich suchte Holz doch fand die
Goldammer. Soll ich Deine
Wüste besudeln?
Lippen
Löschen auch Liebe.

Nachforschungsantrag

Ich hab mich in Liebe verloren.
Wo bin ich
habt ihr mich gesehen?
War ich das nicht
mitten im Weg
alle meine Augen
querfeldein verstreut
alle meine Häute
freigelegt?
Mann, du hast die Gans gestohlen.

Die Narbe

Wir
wurden
Sie

Sie
werden
Wer.

Ein Mann ist schön,
wenn er niederliegt,
oder nackt geht, seine
Augen sind geschlossen
schön, immer wenn ich
ihn seh, ist er schön. Oft
seh ich ihn nie.

Die da

Die & die

Die nach anderen rufen,
die selber tun.

Die immer gleich antworten,
die lieber erst fragen.

Die gerne glauben,
die wünschen zu wissen.

Die Plan auf Plan stapeln,
die ihn in sich tragen.

Für die Ordnung höher ist als alle Vernunft,
für die Unordnung in Ordnung ist.

Die im Licht das Dunkel vergessen,
die es mit Licht besser erkennen.

Solche

Ich liebe die Spucker nicht.
Sie lieben ihre Spucke nicht.
Sie sammeln sie nicht liebevoll
ein aus allen Zahnbackendrüsen,
füllen keine prallen Beutelchen mehr aus,
runden ihre Aule nicht glatt ab mit einem letzten
Zungenschnalz, sondern sondern nur lasch was ab und
ein fetter Troppen fällt ihnen auch noch auf ihre Füße, die Nichtskönner.

Hinaus zu neuen Ufern im Wind gedrillt
schlage dich durch meine Seele.

Begreife beide Seiten, mach dich breit.
Lass sie lachen, sich biegen.

Bezahl die Zinsen der
Erinnerung.

Sie werden dich
belasten, bleib leicht.

Väterland

meine Zunge ist belegt
„Doitsch" ein
Lippenbekenntnis.

Findelvolk,
nun ist es König
im Glorreich Dummheit.

Das Jahrtausendschönchen
wieder im
Maul.

„Wohin des Wegs, Fischersmann?"

Den Eimer mir vor die Füße
geschüttet. Wollhandkrabben
wetzen gen Meer, im Zickzack
verfolgt, ihre Panzer schützen
nicht vor der Gewalt von

Stulpenstiefeln. Niemand hilft
beim Schreien. *„Machen die
Netze kaputt!"* Längst kehrt
der Mann mir den Rücken zu
und stapft den Deich entlang.
Wenn einer tötet, und er ist
vom Fach, fallen Sie dem auch
nicht in den Arm. Alle Krabben
zünftig zermatscht. Große
Möwen stürzen herab,
wenigstens die kommen zu
Hilfe, aber zanken sich um
die größten Brocken und
kreisen schon wieder dicht
unter den Wolken, spähen
nach neuer Beute aus. Nur
ich steh da und leb. *Kleine
Krabbe* hieß ich zuhause.

Zähne zeigen

Immermörder gibt es wie
Sand am Meer. Heute saß
so ein Brocken im
Vorstand und war mal
wieder nur mein
Problem.

Er hält die Hirne besetzt,
ich flieh in die Ohren.
Sie stehen stramm
auf seiner Seite. Meine
Meinung marschiert
in den Untergrund.

Blicke werden wie Waffen
verschoben auf dem
Schwarzmarkt der
Gedanken im Hinterkopf.
Atemkrieg bricht aus.
Jede Geste ein Gefecht.

Erste Worte fallen.
Viele Worte. Ganze Sätze.
Tausende von Worten
sind gefallen. Mutter
Sprache trauert
am Boden zerstört.

Immer finden sich
Trümmermünder, die alles
wieder aufbauen oder
-bauschen, auch den
Zertrümmerer, aber
keine Lippe riskieren.

Dass sich bei uns im Verein
so einer hält. Seine
Mördergrübchen
lächeln so süßhölzern
und wer lächelt, der
siegt.

Musik in Mauthausen

In Hetze auf Schildern
gelesene Sätze stauen
sich in meinem Kopf.
Buchstaben stapeln sich
hochkant, fallen über den
Haufen. Jede einzelne Zeile
möchte ich löschschschschschsch -
Ich steh unter demselben
Himmel, den selben Birken,
im selben Moos, schaue
genau in ein und dieselbe
Tiefe, diesen selben Absturz,
in den man sie mit Seel'
und Leib hinunter stieß.
Glas trillert in der Luft. Es
gibt nur einen einzigen
Ton auf der Welt. Feierlich
zieht er ein ins Ohr, nimmt
Platz in den verwinkelten
Dunkelkammern. Ich suche
ihn wie wild, den Rufer in
der Wand, höre genau hin —
Pause - Pause - Flöten im
Fels, Zimbeln und Triangeln.
Ein ganzes Orchester im
Kehlchen. Das Requiem rings
getragen von wüsten Wänden
Stein. Heute kann wer von
Glück sagen, hier so deutlich
gehört zu werden. Die Schlucht
mästet kein Echo, es zerbricht
am Granit. Der ließ sich nie
erweichen. Totenstille. Jahr-
zehnte lang kein Sterbenslaut.

Da! hüpft was von Klippe zu
Klippe den Steinbruch hinab.
Schöntöner, Konzertlerche,
wie leicht du auf- und davon
fliegen kannst.

Zur Erinnerung
(an ausrangierte Zeiten)

Kantig der
Kiesel im
Doppelkinn,
der die Kehle kränkt,
wie ein Kloß im Halse bleibt.
Dies rollende,
holpernde Räuspern,
das aus tiefer Brust
hervorbricht, die
chrmchrrrchrmch
DDR.

Da lebt einer so hinterm Mond,
dass er noch kämpft um Vaters
Land und Mutters Erde, steht
morgens früh um acht Uhr am
Denkmal der Weißen Rose. Seine
Nase sitzt ihm im Gesicht wie eine
feste Meinung. Seinen Schirm hält
er hoch als Transparent. Einer, der
dem Staat einen Glauben schenkte
und ihn nun gern zurück hätte.
Doch der hat ihn längst eingestampft
oder verscherbelt. Täglich hofft er

auf Einsicht, der Gute, schreibt sich
die Wörter wund und liest sie laut
vor, wo er kann, als ginge es um
die besseren Argumente. Niemand
hört hin. Die westlichen Waffensysteme
sind längst eingerichtet wie jedes
gemeine Reihenhaus. Sie stehen da
geputzt und gewartet wie selbst
des Rentners Eigenheim nicht.
Ich geh ihm zwar aus dem Weg,
aber halte große Stücke auf ihn. Die
Lügen im Lande lassen ihn geradezu
aufblühen. Schön, dass es solche noch
gibt. Schade, wenn sie aussterben
- mit uns.

Das Plakat an der Litfasssäule

Tierahn mit zersetzter Nase
und aufgefressenem Kinn. Den
gekreuzigten Leib ins Korsett
zweier Schienen gepresst. Ein
Funkenregen Todesangst springt
ihm aus dem Augenrest unter
meine leichtsinnigen Lider mitten
in mein Antlitz, in beide Pupillen.
Der von Dioxin verseuchte Affe
hat Löffelohren, denke ich noch
auf der abstrusen Suche nach
einer heileren Welt.

Das Hotel

Ich persönlich könnte genauso gut tot sein.
Hauptsache Leute wie ich machen die Stadt schön
groß. Wie sich die Gäste wohl mitten in Hamburg
fühlen und doch hausen sie nur auf dem fetten
roten Fleck der norddeutschen Landkarte.
In meiner Gegend leben welche
auf dem Mond.
In den zieht man doch nicht ein
so ohne Sorge.
Vielleicht sollte ich mich diesen Finnen
und Fremden, diesen Frauen
und Franzosen einmal vorstellen?
Sicher wollen sie wissen wie die Ferne
aussieht so nah?
Sehen Sie, auf diesen Kantstein stelle ich
meine Füße.
Den Briefkasten dort suche ich täglich
heim.
Hier diese Litfasssäule lasse ich immer links
liegen und verrenn mich abends in
meine Wohnung, in der mir
niemand über die Schultern guckt, wenn ich
zum Beispiel zum
Staubtuch greife oder
doch?
Hätten Sie Interesse?
Meinen ganzen Hausstand könnt ich für Sie auf die Straße schleppen.
Kommen Sie,
treten Sie näher. Das ist mein
Müslischüsselchen morgens,
so sieht es aus.
Dies sind meine beiden Auffülllöffel.
Hier meine aktuelle
Abwaschbürste. Sie ist mir ans Herz gewachsen.

Wie oft sie mir beisteht.
Zweimal täglich hab ich Erfolg
mit ihr auf der ganzen Fläche.
Hochstöckig sieht die Hotelfront
über mich hinweg. kehrt mich
zum Asphalt.
Die Säule vorm Portal steht
sich ihr Bein in den Leib, glatt
aus Stein.
Wie weit
man hier abliegt
vom Schuss.

Häuserblock

Guck, da steht er
zeigt volle Breitseite
und schämt sich nicht.
Wofür denn? Für

Hungerhütten in Haiti?
Für Gräueldeutsche
oder deutsche Gräuel?
Für Bonn? Für Beton?

Er richtet sich auf über
Wasser, zu Lande, in
Luft. Und die Menschen
richtet er ab mit

Kammern immer noch
größer als ihr Grab.
Was glotzt der Block?
Klotzbau. Kein Fenster

kippt, kein Kopf kotzt
raus. Niemand nutzt die
Simse, um abzustürzen,
geschweige zu landen.

Keiner hebt ab. Ein Block
bleibt ein Block bleibt. Wer
hat ihn bestellt? Der soll
ihn auch abholen. Worauf

wartet er? Wär er eine
Schiffsschaukel, die
langsam nach hinten
ausholt und sich schwer

auf meine Seite schlägt ...
Bei Dunkelheit, gut,
bei Dunkelheit tritt
er langsam, aber sicher

in den Hintergrund.
Doch morgens ist er der
erste, der auftaucht,
salutiert und da steht

wie eine Eins. Was für ein
Kerl. Ich nähme ihn nicht
geschenkt. Kann man
ihn nicht einpacken?

In Krepppapier wickeln,
die Schleife mit über eine
Klinge gezogenen Enden,
damit sie sich kräuseln?

Geschenksendung,

keine Handelsware.
So ein Kasten hebt auf,
was niemand fortwirft:

Weihnachtsengel,
Porzellanpuppen,
Kaspernasen,
Bleisoldaten.

Jeder an seinem Platz.
Manche haben ein und
denselben ohne Sinne
und Verstand. Sinn und

Verstand sind von gestern.
Wir sind heute von heute.
Soll er da stehen bleiben.
Bloß nicht auspacken.

Und ich verzieh mich
ins Innere, spiele die
Insassin, wie
lieb.

Serenade in Stein

Es wimmelt in meinem Viertel
von Panzerkreuzern, abrupt
gestoppt und versteinert. Nie
werden sie ihre Anker lichten.

Zum Abschießen die Dreier-und
Vierergeschosse. Plötzlich am Ende
des Tunnels Nacht eine Silhouette
Mensch, die dorische Säule Mann

mit der Wespentaille unterm Kopf.
Gleich sieht die Welt ganz anders
aus. Starrt er her aus der Ferne?
Belauert er auch das Morgenblau,

die Schockfarbe am Horizont?
Ich rege mich redlich, locke ihn
in alle Winde. Doch er weicht
nicht, wankt nicht, tritt nicht vor,

nicht zurück, nicht ab, ragt auch
nicht über sich hinaus. So einer
will Rom brennen
sehn.

DUSCHWERBEPROSPEKT 2000

IN EINER DUSCHE IST IHNEN DER GROSSE AUFTRITT SICHER.
In der Damendusche duschen sie stumm und gründlich.

DAS LÜCKENLOSE DUSCHPROGRAMM BIETET GRENZENLOSE FREIHEIT.
Es ist nämlich nicht von gestern.

EINFACH NACH INNEN EINSCHWENKEN UND SCHWAMM DRÜBER.
Über die zahllosen Ankreidereien.

SO VERLIEREN DIE SCHMUTZECKEN IHREN SCHRECKEN.
Schrecken stets verstecken.

DIE BEWEGLICHEN HANDDUSCHEN SIND EIN FORTSCHRITT GEGENÜBER STARREN KOPFDUSCHEN,
die man so kennt vom Hallenbad oder Kazett.

DUSCHKULTUR OHNE JEDEN STÖRFAKTOR. BRILLANTE
DUSCHTRANSPARENZ.

Buchstäblich gleichen sich Dusche und Deutsch bis aufs kleine †.

GENIESSEN SIE EIN GANZ NEUES DUSCHGEFÜHL.

Vergessen Sie das von damals.

DIE DUSCHWANDREIHE FÜR EINSTEIGER. DER CLOU: TÜRLOSER
LABYRINTHEINGANG.

Tolle Idee. Wie kam man drauf?

WICHTIG: DIE HOLZOBERFLÄCHE BLEIBT ATMUNGSAKTIV,

falls wem die Luft wegbleibt.

SONDERANFERTIGUNGEN BEI ALLEN TYPEN MÖGLICH,

bei jedem Typ und jeder Type.

UNÜBERTROFFEN ANPASSUNGSFÄHIG AN NAHEZU JEDE SITUATION.

Auch die, die immer mitläuft im Kopf eines Deutschen beim Thema
Dusche.

ACHTUNG SONDERLÖSUNGEN FÜR BEHINDERTE MITBÜRGER.

Heute heißt es Sonderlösung und früher Endlösung.

DIE ENDBEHANDLUNG IST SACHE DES FACHMANNS.

Früher hieß es Sonderbehandlung und heute Endbehandlung.

DUSCHWAND, DUSCHSEKTOR, DUSCHZONE,

Kalte Wörter auf Hochglanz.

OUTFIT, KICK, SUPER und SWING,

Sprechblasen luftleer gepumpt.

ABSTELLFLÄCHE UND HALTESTANGE.

Es gibt sie noch, die guten alten Wörter, sogar zu zweit.

MEHRERE PERSONEN FINDEN ZUR GLEICHEN ZEIT PLATZ.

Das gab's schon einmal. Kommt das wieder?

DRAUSSEN WARTET DER HANDTUCHHALTER SKY.
Da steht man nicht eng.

Kolonialware

Spröde ödet mich ein Apfel an. Kracht
er gut im Kinngebälk,
klemmt er mir

Griebschplättchen unter die Zunge zwischen
die Zähne. Die nerven. Kerne
hab ich nicht gerne.

Greif ich lieber zur Avocado,
heim in mein Reich
gebracht,

von Zahnreihen umzingelt
das windelweiche
Fleisch.

Krönender Abdruck meiner
Beißwaffe, dies Obst
aus Asien,

Afrika oder irgendwo da. Flutsch!
glubscht der Kern
aus seinem

Bett, hart gesotten,
ungenießbar -
eine Bombe.

Natur nur

Abendblau

Natur pur, wie üblich
hat sie ein Meisterwerk
hingelegt, die Farbe Luft
mit Vogelklammern zwischen
zwei Schornsteine gepinnt,
immer neu Kunst.

Vogelbeerbaumgedicht

Einst
besaß ich
einen Vogelbeerbaum

Ich dichtete das
weltberühmte
Vogelbeerbaumgedicht

Jetzt haben sie
die Esche
gefällt.

Regen

Wasserstriche schraffieren
rasend rasch die Leinwand
Laub. Ein Bild von einem
Regen. Sie blitzt mit Witz, die
Diva, rafft ihre Röcke, fährt
mir über den Stift, ganz wild
ist sie, niederzukommen. Es
gibt fast keinen Ort, den sie
noch nicht für sich entdeckt hat.
Wie sie sich neigt, die Schöne,
sich anlehnt, an wen bloß,
sich glatt hinlegt, Schock!,
schon wieder Haltung
annimmt, aufrecht dasteht,
sich rar macht, aus dem
Staub. Längst ist sie vorüber
gerauscht, letzte Blätter im
Schlepptau der Pfützen.
Auch keine Spur mehr vom
Sturm, ihrem Kerl. Die
Pappel vorm Fenster
unterm Heiligenschein
hellerer Wolken farbecht
grün wie ein Pulli nach
dem Essigbad. Die Klarheit
der Herrin umleuchtet mich.

ÜBERFALL

Blü-hü-üt
die Heide:
Ich geb alles her.

Wiegenlieder,
Wiesenlieder
glockenblumenlaut,

Grasgesänge,
Grabgesänge
butterblumenstumm.

Mein Vater, der
blaue Karpat,
meine Mutter,

die Leisetreterin,
die häcklings
Gänseblümchen köpft.

Rasend
grüne Felder in
dunkeltoter Heide,

weiße
Astknöchel.
Wacholder bleib wach.

Sie bringen dich um
Haus und
Heimat.

Seiser Alm

Veilchenduft und Dung,
eine Erinnerung an eine Erinnerung.
Ich lag bei meinem Geliebten
Wacholder in Lärchenluft mit
Bienen, Kien und Schiefer. Ginster
blühte lichterloh. Wiesenschaum
vorm Mund, die Haut aus Heide.
Bin Kraut, gewachsen in Kriegen
und Krisen, halt' fest an der Erde,
wurzele, wuchere gegen das
Steinsein.

Der Reiher

Eine herrenlose Linie
sucht die Weiden und den Wind
zeichnet einen Vogel aus.

Seine Hiebe treiben
rieselgraue
Kiesel auf.

Von ferne färben
Flamingos den
Schnabel aus Horn.

Im schmalen Schilf
zeigt der Reiher
nach Norden.

Ergreifend nah steht er
mir plötzlich

im Weg.

Feinfedervogel vom
fernsten Stern eigenfarbiger
Formen.

Er bebt, erhebt sich zu
den Horizonten
aus Licht.

Beide Füße legt er einzeln zugleich
in den Flugkorridor über
den Wassern.

Mit Schwingen schwängert
er fächelnd
die Luft.

Und gleitet gelassen aus dem
Bild, die graue Eminenz
der Tiere.

Herzspitze Süden

Als grüne Blaubeere
reifen im Gezwitsch &
Gesträuch vermummelt im
Moosboden summ und satt.
Laufend besucht von beflügelten
Ameisen, früh geläutert vom Tau und
immer mit jüngeren Früchtchen an einem
Strang

Hängen an
tränenden Herzen vorm

Spalier Königskerzen, nisten
in fein ziselierten Fichtenspitzen,
Laubsägeblättchen, senkrecht gesteckt
in die Silhouette Postkarten sprengender,
kamerakranker Himmelsbesetzer, den
Bergen.

Steht Sturm

Hektisch greifen Äste
um sich, zerschmettern
Blätter, peitschen blinde
Fensterscheiben. Windrowdys roden,
rotten, raufen sich zusammen, taranteln
im Hof herum, heulen die Fassaden an, Böen
vertrimmen den Garten.

Dabei will der Sturm
eine Dame sein, die daher
rauscht, alle Welt verwirrt, wogt,
ihre Schranzen fest im Griff. Sie proben
schon den Hofknicks bis zum Anschlag für
Madame im Gefolge von Fetzen und Fersen. Regen
gibt ihnen das Geleit.

Die Büsche flüstern
lüstern: Die Bäume sind am
Ende. Blitz und Donner tauschen ihre
Plätze. Das Tosen kracht als Axt in die Platane.
Ihr Hauptast fällt. Die Hauptlast trägt der Boden.
Unterm halben Baum liegt seine bessere Hälfte, pflanzt sich
fort mit Gewalt.

Im Zug

Regenspermien
jagen über Securit,
drängeln sich ins spitze
Fenstereck, schwänzeln in den Kitt,

Lautlose Unfälle,
Do not lean out, Ne pas
se pencher Kabelkatastrofen
au dehors Bitte nicht hinauslehnen!

Rasen rast,
Büsche stürzen weg,
Drähte ducken zack! sich unterm
Schlagstock zack! Telegrafenmast zack!

Mauern wetzen um die Wette. Die verliert, bleibt
mit einem Ruck stehn in der Ferne.
Raupe Wald mümmelt
am Horizont.

Ringenwalde, Niemandsland Brandenburg

Im Sonnenblitz überm Ackerstrom
Goldammergold. Lerchengelege,
Kuckucksgehege. Reiher kreisen &
schreien. Hochhirschaftliche Brunftrufe.

Ritterlich kreuzen die Tiere ihre klingenden
Hörner, verlärmen die Hohlwege der
alten Eisenbahn, stillgelegt bei den
Schneebeeren, die jeder Schritt sprengt.

Weggeeggt der Weg zum Hochsitz für
lautlose Liebe auf Augenhöhe mit
den Sperbern. Es gibt nur Gesetze
der Besitzer, nicht mehr der Benutzer.

Arena im Herbst

Rückenlehne Sturm schubst
um die Kurven der roten
Tartanbahn. Elf Meter exakt
vorm Tor der aufgequollene
Flunderbauch. Im Aufrausch
jagt die Novemberbö Spitze
tanzende Blättermeuten über
den Platz. Im Aushauch fallen
sie um, sonnen sich haufenweise
am Fangzaun hinterm Tor.
Fußgirlanden aus Doublé:
Groschengroße Birkenblättchen,
gerollte, eingerissene Gelbscheine
der Platanen. Wo im Hochsommer
der schwarze Schatten des Ahorns lag,
lädt jetzt ein Teppich Blattgold ein.
Geschenksendung. Keine Handelsware.
Alle Äste verpetzen ihre Nester.

Uns halten die Fäden im Herbst.
Käfer folgen den Spuren schleimiger
Schnecken, knirschen und bersten
unterm Schuh, breiten den feinen
Todeslaut ihrer Flügel aus.

Laternenlichter gleiten im Nebel, doch

müde Gesichter begleiten die Kinder.
Lose baumelt die Welt.
fällt ab wie eine Frucht,
tropft ins Bodenlose.

Winter, herrische Gegend

Frühschicht Schnee mit
Trauerweidenrand.
Die Kälte kondoliert.

Horizont
blaugefroren. Die
Kirche ein Eiszapfen.

Sehnsucht mit
Telegrafenstangen
geschient.

Naive Dichterei

Aufeinmal spaziert der Weg
ins Wohnzimmer Natur.
Hier äst lautlos
die Freiheit.

Als
hätten
sie hier was
verloren, die kreuz
und quergehetzten Schwalben.
Sie schreiben es chinesisch in den
Azur. Ihre Lettern klettern den Drachenfels
hoch und tanzen über der silbrig breiten Schleimspur
der Turboschnecke Rhein, dieser rutschfesten Wetterschleppe.
Flugzeuge grölen, Güterzüge kreischen, Schiffsmotoren bohren, Fische
flitzen und Vögel fetzen sich. Menschenfresserischer Lärm verschafft uns
Stille.

Wettermeldung

Eichen rosten im Regen,
Birken verkalken im Licht.
Stumm ist die Gewalt.

Da saß was fest im Bodensatz.
Hastig warf ich meine Heimat weg,
die Spinnerin.

Hab Russischblau zum Freund,
schneid mir eine Scheibe ab vom
sibirischen Sommer.

Wasser messe ich mit dem
Auge und seine Häute schäle
ich mit einem Grashalm.

Wort für Wort geh ich in die
Binsen und tröste mich vom
Himmel hoch herab.

Wo ich wohne, horcht nun
niemand mehr auf diese
Seele von See.

Elbe und Flut (auf der Höhe von Rühmkorfs Haus)

Ich rieche, rieche Elbefleisch, schnapp'
nach jedem Duftbrocken Luft, zerre hin,
zerr' her, die Kette ist zu kurz. Wie
kommt sie ans noch Ungerochene? Geil
auf Tang! Himmel hat sein Flusshemd an,
stromert mit dem Strom.

Die Nasenflanken fliegen. Algendüfte
schlängeln sich in ihre engen Reusen. Wind
schleudert ein paar Happen Meerespansen
hin, Nasenhund schlingt es hungrig runter.
Kälte kommt, kost, kuschelt sich ins Knie.
Himmel zeigt Flagge, preußisch Blau.

Flusshaut reißt, fließt aus, schwermetallen
schön, glatt gestrichen wie von Hand.
Ölglätte blakt. Flussfrau wälzt sich breithüftig
ausladend. Graue Gischtorgasmen glücken
für Sekunden kurz. Himmel kriecht
unter seine Wolkendecke.

Nase nagt am Knochen Phosphorchlor, ein
ganzer Berg, der von drüben kommt, die
Großbuchstaben B und P geben grünes
Neonlicht. Das leuchtet der Wanderin von
weitem. Himmel zieht sich eine weiße
Westwolke über.

Himmel wirft sich in Bleischale.
Hockt da als Häufchen Unglück im
Unendlichen, wo sich die Ufer schneiden.
Fluss auf der Flucht. Horizont, Gelage
dunkler Punkte verschluckt ihn bei
lebendigem Leib.

O-Ton All

Die Siedlung bröckelt, verliert
die Fassade. Nebel tappt mit
seiner weichen Pfote nach mir.
Ihm sind die Krallen gezogen.

Er leckt sich die Nässe vom Pelz.
Hochweiß verschleiert steht die
Stadt draußen, will nicht rein
kommen, flüstert mir was

ins Ohr. Tropfen für Tropfen
klopft auf Beton. Wälzt sich wer?
Da stöhnt's. Die Straßenlaterne
hat eine Strumpfmaske um.

Im Gerippe eines Gartenstuhls
lauert die Katze Kassandra.
Wolken fallen auf den Fuß.
Ein Traum wird wahr in weiß,

Breitwand Welt, O-Ton All.
Ich seh, ich seh, was niemand
sieht und das ist die Straße,
meine Geliebte, meine Braut.

Stellt sich plötzlich ein Baum
in den Weg, will Geld oder Leben.
Dächer rutschen zusammen, beten
katholisch. Nirgends ein Blick ins

Blaue. Nebelhörner von Fernnord.
Liebe gibt's heute bei Rewe. Im
Hafen röhrt die Heilige Seekuh
Sehnsucht.

N..b..l

Nebel saugt sich in
gerollte Halme tropft
nah und nass im Gras
laicht unterm Fuß
todesküsst meinen Zeh
streicht sein weißes Gift
über meine Saiten besteigt
mich kalt lächelnd verleibt
sich meine Beine ein fängt
Kälte leckt löscht mein
Blut schiebt mich in
seine Backentaschen
der zahnlose Vampir

Geballte Ladung

Ich habe die frühen Fischer gesehn
sie standen vor schwarzem Segel
wie Nägel krumm.

Als ich vom Land ans Ufer trieb
schlafwanderten Schiffe vorbei

die Nacht war wach und stumm.

Ich belastete heimlich die Masten
sie sanken schwerer ins Meer
bald schlägt das Boot herum.

Die Schiffer haben mich nicht gesehn.
Sie standen schwarz vorm Segel
und kehren nicht um.

Lautlos krönt die Sonne
den See
das Ufer
sucht unnötig Worte.

Das Meer staunt mit
aufgeschlagenem Auge den Himmel an,

Es hält ihn für
seinesgleichen.

Stülp ein Haus um, gieß
Wasser hinein und schütt es
aus wie einen Eimer. Nimm
einen Häuserblock, schütte
ihn aus. Nimm eine ganze
Reihenhaussiedlung, schütt
sie aus. Dann hörst du die
Brandung. Nicht aufhören
damit, gleich mit dem
nächsten Viertel anfangen.

Frau und Flut

Hinreißend
komm ihr nicht zu nah
Kerzengerade Priele
lässt sie zurück
treue Seestreuner
einen sandverlesenen
Wellhornschneck für
Zungen auf Rundreise
Muschelplättchen
und einen
Miesmulsch.

Tausend
Tropfen Zeit

Jeder Tag
ein Brecher

Das Meer
stürzt an Land

Siedelei

Manche freilich hängen in den Stielen, kopfüber
gestülpt die Blätterpetticoats, nachts
plötzlich und unerwartet

verblichen. Andere fliegen hoch auf steilen
Stengeln, recken die Hälse, ihr
blütenzartes spitzes

Kinn. Puterrote Gesichter über aufgebrochenen
Puffärmelblusen, meine Liebeigenen.
Wie früh ich sie auch

überrasche, nicht ein Heinzelwesen flitzt davon.
Wie fest sie sich anklammern, was die
Erde hält.

Dass wer lebt. Dass ich wen leben lasse. Und
wie sie lechzen nach meiner kalten Dusche,
um aufzublühen

in der Neuen Heimat Altona. Unten rollen sie
schon Teerteppiche aus. Wunder über
Wunder,

der hängende Gartenkasten
der Mieterin
Friederike.

Gegend bei Wessobrunn

Wenn es Abend wird im
tieferen See, Sonnengeld
ins Wasser fällt, das Schilf
schon mit dem Zaunpfahl
winkt, eine Bö mir Vögel
in die Augen streut, stirbt
diese Tanne einfach mitten
im Bild und ich ertrinke
noch schöner.

diese Wiese

Nachtsüber

Ich weiß eine Wiese wie diese.
Nachts gehen Rehe
hinüber.

Mond holt Milch. Hat
sie verschüttet. Ihm
schwillt ein Tannenkamm.

Die Ewigkeit in ihren
alten Galoschen gibt
einen Empfang.

Sie spielt mit den Rehen,
die Diva, und wurde
wieder nicht gesehen.

Das Gras reicht weit
über die Kronen der Kiefern hinaus,
besticht das Blau. Ein Tierchen
oben am Halm einsame Spitze,
eher im Himmel als ich.

Studentenblumen

Studentenblumen wachsen
im Parlament der Bäume
auf Toten, die drunter
liegen in Gruppen und
Gräbern als Erde zu Ende.
Abgezirkelt steht jede
Blume einzeln für sich.
Morgensonnenorange
ihr struppiges Haar mit
dem dunklen Punkt im
Angesicht. Der blickt durch
alle Lektionen des Lebens.

Taglilie

Meine Augen werden empfangen
wie Königinnen auf ihrem
Hochzeitsflug.

Das Kopfsteinpflaster vor den Häusern
duftet gelb, die Stadt zieht ein
mit Sommer

in die Fünfsterneblüte. Ihr
Dotterorange siegt so frisch
am Boden,

dass ich anwurzele neben ihrem Beet,
aufblühe. Auch ich möchte so
blank und gell

mein Land oder Städtchen fünfarmig

beschirmen, beschützen und
beschämen.

Akelei

Ein Solo
in der Sonne, die verzauberte
Doppeldornblüte mit ihrer Melodie vom Blatt.

Sie ist
der Stein der
weisen Weiber, sie zeigt

dir die
Liebe in allen
fünf Himmelsrichtungen.

Raps

Staubblätter
zittern sich zwischen
die Blüten, zweigen sie ein,
fassen sie fast, halten ihn hoch, den
Pokal aus viermal Oval, die
Ode einer
Pagode.
Ausgebufft der
drastische Duft. Er hebt
meinen Schnupperkopf höher
hinaus denn je, um notzulanden in
drei Dörfern schön an den grünen
Stränden des massegelben
Blütenbebens, mal See,
mal Meer, mal
Ozean.

Rose

Ein aus roter Luft
gefälteltes
Geheimnis.

Heidenelke
Blume des Jahres 2012

Sie reicht mir den Kopf,
fädelt den Hals in die
Höhenluft unterm Barfuß,
errötet im Rasen mit
Blick auf Schritt & Tritt,
lässt alle Blätter los. Die
ergründeln den Boden
unterm gezinkten, gezackten,
gezeichneten Stern,
der den Wiesen leuchtet.
Heidenelke. Sie lärmt vor
Schönheit, brüllt vor rohem
Rot, bellt uns ins Auge
vor Lust und läutet im
Gras die Sekunde ein,
in der wir stehen bleiben.

Leberblümchen
Blume des Jahres 2013

Die Blüten volle Tropfen
See mitten im Kraut.

Feinste Fetzen Blau im

Moosboden locken mit

Himmel im Jahrhunderte
alten Wald unserer Kindheit.

Von Fäusten festgehalten
glucken die Köpfe zusammen,

um sich zu treffen und nicht
alleine stehen zu bleiben.

Später spähten wir lieber nach Rosen.
Doch es gibt sie noch immer als Paradies.

Leberblümchen meint Blümchen
für Leber, für alle, die leben,

wieder aufleben mit ihnen.

Schwanenblume
Blume des Jahres 2014

Meine liebe *Schwanenblume,*
bis zum Hals steht dir das Wasser,
in dem du wohnst und wurzelst,
stolz über Wellen tollst & tanzt.
Deine Doldenblüten unter den
Mienen allwissender Bienen ein
schneeweißchenrosarot blühendes
Luftboot, sein Stamm ein Lustbrot,
nah am Teich gebaut, unbekannt an
Land, das Schilfkörbchen, in das sich
eine setzt, um ihre Kindheit zu retten.

Teufelsabbiss
Blume des Jahres 2015

Bollen spitz und blütenblau die neue
Blaue Blume. Die Farbe von Engeln, die
gefallen oder gefallen sind. Sie lässt
ihnen Luft und Raum, zu toben, um
sich zu beißen mit Plunderlippen,
Hörnerspießen und Boxerblüten. Das
Blau Cezannes, das mit ihm starb, lebt!
Da im Innern des gewöhnlichen - toi
toi toi -*Teufelsabbiss*.

Schlüsselblume
Blume des Jahres 2016

Früher als die Sonne noch
stundenlang im Garten lag,
schloss sie mit ihren
*Schlüsselblumen*bunden
die Räume auf, in die man
sich verlor auf der Suche
nach einer Bleibe für den
Geist auf Reisen im Gras.

Sogar die Dächer der Häuser
standen offen. Nur die Wolken
hetzten sich ab. Aus dem
Blattgrüngelage ragen luftig
helle, lichtergelbe, röhrenenge
Rüschenröcke stramm am Stiel
hervor. Nicht *Schlüsselblumen*
aus den Augen verlieren!

Mohn
Blume des Jahres 2017

Traumwandler *Mohn*,
überwältigt vom Rollkommando Rot,
bis ins Innerste zerknittert,
eine einzige Zitterpartie,
doch ohne alle Risse
hochheil geblieben,
um sich zu entfalten, zu leuchten.
Ihm wurde kein einziges
Schimmer- und Flimmerhärchen
gekrümmt. Er
blütet.

Ehrenpreis
Blume des Jahres 2018

Kurze krautige Veronicas, blattlange
Blauweideriche, das knalllilablaue
Gebuschel im Nassgras, kandelaberhoch
krümmt es seine Blütenkerzen, um
Wärme aus der Sonne zu locken.
Traubenblaue *Ehrenpreise* sehnen sich
nach Preis und Ehre wie verwilderte
Autoren auf der Suche nach der
Himmelsscherbe auf Erden, der blauen
Blume, vera unica medicina. Ihr sei leis
EhrundPreis.

Rotradel, Windfraß, Tintenteller,
taufte ich Blumen ohne Namen.

„Suche ihre wahren Namen!"
mahnte Dichter Piwitt.

Seither gehört die Sprache allen,
nicht mehr nur
mir.

Autos bunter als Blumen
und Berge aus Lärm. Es sind
immer dieselben Erzengel
oder Kindskopfhenker, die
Wache schieben im Park. Ich
bleibe dort hocken, wo man
mich fallen lässt, weder vor,
noch zurück, siedele an auf
der Stelle, campiere in der
Gosse, besetze jetzt als
Bürgerin den Steig, bis Polizei
mich nicht mehr heimsucht,
Straßenkehrer mich grüßen
und alle Aberwelt weiß von
mir wie vom Bamberger
Reiter, den jeder kennt, weil
man sich fragt, wer das ist
und was hat er zu suchen im
Dom? Das Urkind ist so rasend
gern durch die breiten Alleen
gesaust!

An alle

Teppiche aus Sand,
Brücken aus Gras, ich
sitze mit Kiefern im
Kreis und liebe den
Himmel Meer. Alle
Blätter haben Augen.
Der Menschen Seelen
sind meine Gäste.
Senden Sie Ihre Seele an
diese Adresse. Aber bitte
bleiben Sie, wo Sie sind.

Irinaland von Hundertwasser

Der gelbe Genius -
Wenn er lächelt,
zerstört er die Städte,

an denen er hängt. Ernst
muss er sein. Es geht allein
um sein Leben.

wir hier

„**W**ie's mir geht? …
Die Straßenbahn wird ab- ,
Neutronenwaffen angeschafft.
Und selbst?"

Kasperle ist kinderlandverschickt
Hampelmann zusammengeklappt

Die Kindheit sitzt hinter
Luftschloss und Riegel.

Jugendgedicht

Sie reden zuviel
Und reden vorbei

Einfach an mir vorbei

Teenager

Ihre Blicke stechen durch Zäune, werfen
mit Steinen, erreichen mich nicht,
neiden mir, dass ich ich bin,
wollen selber wer sein.
Heimlich sind sie wie
ich. Hinter meinem
Rücken jubeln
sie mir
zu!

Familienstand erledigt

Mein Bruder? Schizoo.
Meine Schwester? Manisch-dee.
Ich? Idioo.
Meine Familie? Heil.

Montags gab's Klavierüben,
Küchemachen, Milchholen,
Kloputzen, Halswaschen,
Haue mit'm Stock.

Dienstags gab's Klavierüben,
Eimerraustragen, Bettenmachen,
Kohlenholen, Schimpfe.

Mittwoch gab's Klavierwaschen,
Bettenholen, Kücheüben,
Ohrfeige.

Donnerstags gab's Eimerholen,
Klavierraustragen,

Rizinusöl.

Freitags gab's Kohlenputzen.
Klavierwaschen. Aber
Sonnamts gabs Kakau!

Meine Schwester? Schizoo.
Mein Bruder Manisch-dee.
Ich? Idioo.
Meine Familie deutsch, heil.

Max-Brauer-Allee 124

Geh vor die Tür, du kommst
nicht weit. Der Weg wird dir
versperrt von rasenden Lastern.
Chaussee mit Geschossen.

Schlupflöcher in der Autokette,
Balancierwege am Kantstein.
Häuserbarrikade. Loch gelassen
für Baum, Zaun ums Loch.

Gasluft schnappen, Luftloch
gucken, Himmelgrau statt
Himmel blau, eingerüstet das
Haus mit Krach bis zum Dach.

Wie es heranrast, Platz da! Jetzt
zerschlägt es das Porzellan im
Ohr. Die Stücke lässt es liegen,
die Scherben, Splitter, Splitt.

In meinen Ohren gibt es
nur noch Schutt. Jeden Tag

darf es ein Auto mehr sein, Jahre
lang, Jahrzehnte lang.

Wie sie es wagen, mir vier Spuren
vors Fenster zu legen und wie sie
gewinnen. Die die Straße planen,
hören sie nicht, niemand, nur wir.

Straßenplaner planen Straßen.
Einmal planen, immer planen.
Kein Straßenplaner käme auf
die Idee, keine Straße zu planen.

Wie sollst du den andern erreichen?
Edelsteinzeit. Jeder einzelne ein
Monolith, unberührt vom Nächsten.
Der guckt aus keinem Fenster.

Sieht er dich, zieht er sich zurück
in seine Höhle, Hölle, Solocaust.
Frag ihn was, da ruft er die Polizei.
Bleib sitzen oben angenagelt,

abgenabelt in deiner Wohnwabe,
zurück zum Ausflugspunkt. So
ist nicht zu leben, nicht zu lesen,
nicht zu schreiben -

Der Verkehr fädelt sich in die
Ohren, in den Sinn. Mein
Kopf ein Verkehrsknoten
Punkt.

Billigangebot DDR

Geist und Gut, alles
wird verramscht, nur
weil sie mal die Tür
aufgemacht haben, um
Luft zu schnappen.

Not gedrungen

Dafür stehe ich gerade: Früher
maß ich unter einssechzig, heute,
dieser Erkenntnis beuge ich mich:
einssechzig. Was soll sich schon
groß verändert haben? Der Tresen
hält seine Höhe, Biergläser stehen
Spalier, Finger zeigen nach oben,
Mundwinkel nach unten. Zeiger
zuckeln im Kreis. Die Uhr richtet
sich nach MEZ, MEZ richtet sich
nach Mitteleuropa und Mitteleuropa
richtet sich zugrunde, solange
niemand über sich hinauswächst.

1 MS

Wir
(Wer? Die aufstanden und an die Wand gestellt wurden? Deren Kinder?)
Was machen wir?
(Du? Ich?)
Was können wir machen? (Können wir was machen?)

Einer sagt: Dagegen kann man nichts machen. Dagegen können nur WIR
was machen. Solidarität! (Solide Rarität.)
Jetzt klatschen wir stolz, das Gegenmittel zu wissen und gehen jeder für
sich heim, wo's warm ist.
WOLLT IHR DIE TOTALE KÄLTE?
Wir dürfen nicht gegen die Dummen im Lande kämpfen,
wir müssen um sie kämpfen.

Jeder hat dein Tabu. Sprich davon
zuerst. Wenn du nicht weiterweißt,
frag weiter. Erst mit Querköpfen
wird aus den Längsköpfen ein Muster.
Sag dem Konflikt, dass du kommst.
Nimm die Klage aus dem Mund in
deine Hände. Man kann zwar weit
denken, aber nur nah fühlen. Der
Mann auf der Straße ist der Mensch
in deiner Straße. Und hast du
abstehende Ohren, lass sie so lange
an deinem Gesicht zerren, bis du
grinsen musst.

Einfließende Kaltluft?
Her mit dem neuen
Tag. Den hol ich mir
unter den Stift. Er wird
gestreckt, gefedert,
gerädert nach allen
Regeln der Poesie,
solange ich zu sagen
habe auf dem Papier.
Aus der Hand soll er
mir fressen, mir zu

Füßen liegen und
bloß Ruhe geben.
Jetzt ist er dran. Den
lass ich nicht wie alle
anderen seit Jahren
verstreichen. Hier
geblieben! Keiner
schleicht sich auf
Socken davon. Lange
genug hab ich euch
Brüder machen lassen.
Ab sofort die Tauben
gebraten mir in den
Schoß. Kämpfen ist ja
so unvernünftig geworden.

Wachzustand Nacht

Der Großinquisitor -
Aufstand im Volk! Chöre
holen mich locker vom Hocker.
Zwei Stockwerke tief dringt
Verdis Dreitageritt. Don Carlos
stürmt, stürzt die Treppen hinab,
Marquis Posa stirbt jede Sekunde,
ich freu mich schon drauf. Doch
sie stapfen den Trampelpfad lang
und heben die Köpfe nicht. Ihre
Lederstiefel knarzen im Pulverschnee.
Jeder ein Yeti.

Die Königin trauert. Ich mit.
Riechfläschchen Rausch!
Trinkschlückchen Wein,
Stinkstückchen Käse. Früh strecken

sie ihre müden Häupter unter das
Fallbeil meines Balkons und gehen
verschütt. Da steht einer, an die
Hauswand gestellt. Entert er die
Stufen hoch, ruft Revolución!?
Will er sich an der Oper rächen?
Unter meinem Lorgnon wartet er
auf wen.

Zu zweit zockelt er weiter, blau
gefroren die Ohren in der Lawine
meiner Mietshausmusik. Ach,
Meister Grosz, immer dasselbe:
Nachts tanzen die Puppen und
Arbeiter spuren im Dunkeln vorbei.
Oben lebt eine los unterwegs in
ihr Bett, unten sterben sie ab auf
dem Weg zu Bus oder Bahn. Ein
Bild für die Götter a. D., George,
nichts hat sich getan. Wir können
uns abzeichnen lassen.

Kein Wunder

Es gibt keine Wunder,
wirklich
nicht.

Du wirst nicht geliebt,
weil einer
dir's sagt.

Der, den du brauchst,
braucht dich
nicht auch.

Du bekommst nur
Kleingeld zum Schein,
den du zahlst.

Niemand entscheidet
oder leidet
für dich.

Keiner weiß,
was du meinst,
wenn du schweigst.

Am besten
verstehst du
dich selbst

Und wunderst
dich
nicht.

Schlusswort

Taschendackel, halt's Maul!
Spuck den Hausschlüssel aus,
steh mir bei in dieser letzten
Minute, in der ich Schluss
machen will mit meinem Leben
für heute. Wo ist der Punkt, auf
den ich das Dasein oder diesen
Donnerstag bringe? Wo der Strick,
um den Sack zuzubinden? Meine
Blicke wetzen über Plünnen und
Müll. Der Pott Primeln im Abwasch,
das Sirupmesser im Tagebuch.
Fetzen von Plastik an der
Herdplatte. Meine Unordnung
habe ich ins Herz geschlossen,
breite sie überall aus, meine
heimliche Geliebte. Immer will
ich sie 'rumliegen sehn, das
Luder, aber zeige sie niemals
her. Im Jahre dreitausend sieht
Jork an der Elbe aus wie New
York und wie sieht New York bloß
aus! Ist das ein Schlusswort? Ach,
ich fasse nichts und lasse liegen.
Lieber die letzten Minuten leer
laufen lassen. Sieh mal an, auf
Kreta blühen Mühlen. Ein ganzer
Strauß, eine Herde, ein Heer.
So getrost machen sie dort Wind.
Jetzt hab ich den Tag in der Tasche.

zur Zeit

Morgen

Kaugummiblau der Morgen,
minzfrisch, eierschaler Putz.
Tauben auf dem Dach, Türken
ein Stock tiefer. Nichts rührt sich.
Die Nachbarn schlafen ohne jeden
Mucks. Aus der Traum! Einfach
alle rausreißen aus dem Schlaf.
Krach schlagen mit frühen Vögeln,
Sturmklingeln bei deutschen
Übermietern. Wie selig sie sind
und stumm, sternhagelstumm,
gar nicht neugierig auf den Kampf
heller Himmel gegen dunkle Nacht.
Er muss doch nicht immer gut
ausgehen. Sie schwänzen die
vogelfette Morgenstille. Der erste
Moment ist der schönste beim
Kauauaugummikauauaun.

Nacht

Sie führt hinters Licht, schleicht
sich an, lauert dir auf im Schlaf.
Katzen können lange warten…
Jetzt! springt sie dir an die Gurgel
weich wie nichts. Sie will dir ihre
Aberfarbe in die Augen träufeln,
die dunkle Madonna, die die Liebe
liebt, aber schwarz, die sich das
Land, ihr Liebstes, einverleibt mit

Haut & Haar, doch früh die Beute
fallen lässt, bevor sie abhebt zum
anderen Landeplatz, rechtzeitig
vorm Satan Sonne.

Der Tag bügelt die Welt, alles Fassade,
zeigt dir glatt, was er zu bieten hat,
Haus und Hand, Bahnhof & Bart,
rücksichtslos. Du kannst nur die
Augen davor verschließen und auf
den güldenen Untergang warten.
Ruine Nacht baut sich groß wieder
auf, rückt selten Gesichter heraus,
dich hierhin, dorthin wen, bloß weg
alle andern. Kreidekacke und Pisseflüsse
verschatten. Verschwiegen genießt sie
die Riten hinter der spanischen Wand
Stille, lümmelt sich auf dem Lotterbett
Zeit, erholt sich vom Streckbett Woche.

Der Häuserblock schwebt gegen
den Strom, ein Geisterschiff auf
Nebelkissen. Stockfinsternis zieht sich
zurück vom Eingang, lässt dir den
Vortritt, vergreift sich auch nicht am
offenen Fensterflügel, der in sie dringt,
sie lässt das Stalllicht leuchten still
wie einen Stern, und den Stern hell
wie eine Straßenlaterne. Sie schiebt
dir den Mondstrahl zwischen die
Finger. Sonst jedoch kennt sie kein
Pardon, nichts lässt sie durchgehen,
niemanden hochkommen. Sie baut
die Erde zum Keller aus. Hockt
unterm Himmel wie unter der Haut.
Sie führt hinters Licht...

Denkzettel

Ich lebe in einer Generation
von Interessierten, einer Horde
von Adressen,
Nummern & Namen,
von Haus aus gutwillig,
vom Fenster aus neugierig, tapfer
am Telefon, im Suff
zuverlässig,

Hölzchen von Welt. Jederzeit
entflammbar aus der Serie
der Einmaljasager.
Einmal ist keinmal.
Ich könnte kommen, ich
möchte auch, ich
würde, wenn.
Das Antileben ist so multifaltig.

Blicken, nicken, clicken, schon
bist du initiativ, ein Deut, ein
Dreh, ade, und steigst wieder
um und auf und ab und aus:
Trittbrettfahrer der Gesellschaft
im Sparclub der Revolution.
Gedankenblitze ohne Donner.
Ein Wetter zum Heimleuchten.

Der Bamberger Reiter

Wer er bloß ist? Diese Frage
macht ihn berühmt. Sein
kurz an den Zügel

gebundener Arm schützt ihn
vor Blicken nicht.
Er schaut auf uns herab,
ohne auf uns herab zu sehn.
Er gibt sein Gesicht preis,
die Müttermiene, die er
nie ablegt. Ihn rührt unser
Unglück, er krümmt den
Rücken, er ahnt, was
kommt. Es kommt schon
so lange, kommt immer
noch und wird wieder und
wieder kommen. Er wittert
es in unseren Blicken, Auf-
und Abtritten. Er schürzt die
Lippen. Seine Augenhöhlen
sind Gräber, vor die ein
Stein gewälzt wurde. Täglich
ängstigt er sich um uns, von
Jahrhundert zu Jahrhundert.
Die Sorge steht ihm im Gesicht,
je seltener sie gelesen wird,
umso deutlicher. Er bleibt
dabei zu verkümmern. Das
ist sein einziger Sieg.

Die Zeit kam zu Besuch.

Ich hatte Angst, sie könne
mich überfallen. Sie wollte
nur mal hereinschauen. Ich
bat sie, länger zu bleiben.
Als sie blieb, hatte ich es eilig,
sie loszuwerden. Sie ging, wie

sie kam, ab
durch
die Mitte.
Spätestens im Tod sieht man
sich wieder. Mir war nicht klar,
was sie wollte. *Einen Augenblick*,
bat sie, als ich sie hinauswarf.
Ich traf sie nachts in der
Fußgängerzone. Sie
ging einfach vorbei.

Schlotterhemden

Den Landstreicher da im Schlotterhemd
zur Beulenhose, Gossenjunge mit
Stoppelkinn, kenn ich den nicht?
Ja, sagt er, er käme vom Land. Aha,

also doch kein Penner. Was ich mir
immer anhören muss von mir. Seine
Hände hampeln um ihn herum. Wie
seh' ich denn aus? Er guckt glatt hin

und schaut sich mich an. Später, in seinem
Rücken, suche ich mich heimlich im
Taschenspiegel und finde immer dieselbe.
Zwischen hohen Häuserfassaden macht

eine nicht schlapp. Wo steht das geschrieben,
was er mir von Lidern und Lippen ablas, als
er mich augenblitzschnell überflog, bevor
er mich in die Schublade stopfte, die aufspringt,

wenn einer eine wieder sieht, die er nie wieder
sah. Wenn ich nur wüsste, welche? Alt?

Die ist zu groß. Verhärmt? Die noch nicht.
Dicker? Die bleibt zu. Da ist nichts zu holen.

Gütiger? Kann er das mit bloßen Augen sehn?
Schamloser? Das wäre ja noch schöner. Was ist
aus mir bloß geworden? Wo schlottere ich im
Gesicht, wo beult mein Blick?

Alter

Sie steht mir, die neue Haut.
ich wachse hinein,
ich ältere

von Nacht zu Nacht, zeige
es her das Schleppnetz
der Falten,

Sternenmantel der
Erinnerung. Dieser
Überwurf

kann Meere teilen. Man
muss nur hindurch
ziehen.

Entrollte Teppiche
lasse ich hinter
mir zurück.

Meine Stiefel ohne
Abdruck. Folgen
Sie mir nach.

Die Bahn ist glatt. Man kann

den Buckel 'runter
rutschen

und sich in die Runzeln
stürzen, die ich
aufwerfe.

Das Alter ist eine Alleinherrschaft
die man mir antrug, ohne dass
ich darum bat.

Aller Augen warten auf mich, ich
biete die Speise
Zeit,

Ich höre lieber nach
innen als nach
außen.

Um die Ecke

Mit Papier wird der Tag neu
bezogen. Dass er überhaupt
kam, ein Wunder. Ich kann
und kann mich nicht dran
gewöhnen. Eines Tages bleibt
er mir weg, ich sehe es
kommen. Kaum schau ich
voraus, liegt das Leben hinter
mir. Ich lauere aufs Ende. Es
kann nicht langsam genug
gehen, mir diese Droge zu
Gemüte zu führen. Ich im
Mittelpunkt. Wie sie mich
aufs Treppchen heben, das

immer zu hoch war für mich
aus dem Stand. Erst der Tod
macht mich leicht.
Neuerdings wohnt er auf
meinem Heimweg. So wie er
dasteht, überlebt er mich lässig.
Kein Schwein kommt gegen ihn
an. Ganz Hamburg nehme ich
gut und gern mit ins Grab.
Doch diese schwarzblanke
Marmorfassade, Ölzweig im
Schilde, wird das letzte Wort
behalten. Sie will mich kennen
lernen als Leiche. Starrt sie mir
nach? Macht sie sich schon an
mich 'ran? Am Nachbarn hat
sie sich bereits vergriffen. Wie
komme ich morgen bloß live
dran vorbei? Jahrelang lebte
ich ewig.

Weihnachtssolo

Eben ist man noch rumgeschlurft im
Schnee, kehrt zurück und feiert ganz
persönlich mit den Orangen im Korb,
den Kerzen, die brennen und der Nacht
am Fenster, freut sich über die Wärme,
die sich um den Hals legt. Die Apfel-
sinen leuchten mitten ins Kinderherz.
Das ringelt sich um den sechsarmigen
Leuchter, den Wein, die Obstschale,
sogar um die Ikea-Tischdecke –
beschenkt steh ich auf und werfe mich
als Hirte aufs Schaffell oder vor die
Holzeisenbahn.

Teppich Preussisch Blau

Zu Bett gehen müssen –
das nächtliche Todesurteil.
Schlaf raubt mir mein
Liebstes: Gucken, was

los ist. Wie halten wir uns,
mein Kuli und ich? Was
passiert zwischen Stuhlbein
und Fussel? Ich liebe die

Niederlage. Was gibt es
Schöneres, als sich nieder
zu legen? Tiefe Blicke durchs
Riemchengitter stillgelegter

Sandalen, die Sohlen abgewetzt.
Bäuchlings an den Teppich
gepresst stier ich auf kurz
angebundene Fransen, fix und

fertig abgenähte Bündelchen,
dicht an dicht die blasse Reihe
Soldatenleiberchen, platt getreten
nach einem langen Musterleben.

Immer liegen welche quer. Sie
müssten auf Kommando geweckt
werden, um sich umzudrehen.
Einige sind paarig verknotet zu

faltig dürren Dürerhänden. Im
Wartetempo lösen sie sich ins
Bleiche auf. Teppich, blauer

Meister, dunkelbunt wie mein

Leben, von dem ich nicht weiß,
ob das mein Leben ist, flieg mit mir
in den Zimmerhimmel. Der Stift
zwischen den Fingern spießt ins

Leere. Das ist mein Stachel, Tod.
Es ist nicht wichtig, wann man stirbt,
weil man stirbt. Entweder ich springe
als Stein oder versteinere im Sprung.

Freitod auf Sylt

Keitumer Kälte
Stein und Bein.

„Ich suche das Grab von…"
„Schon lange tot?"

Immer schon. Sturm
über deiner Gruft.

Totzusein be …, tot zu sein be …,
Und wer tot ist …

Liegst wieder da wie in unserer
tausendundletzten Nacht,

verliebt ins
Klaftertief.

Dieser Friedhofsgärtner mit
seiner Antwort von der Stange,

den fest vertäuten Lippen,
Förmchen fürs Nein,

quer zur Welt.
Liegst du hier richtig?

Ich stehe auf
und wandle.

Zum Tod eines Dichterkollegen

Der Mann eine Wucht,
ein Berg, aufrecht
im Alltag der Ämter.

Hütejunge der Poesie.
Sie versteckt sich in ihm
als blauer Klebefaden,

den Spinnen in ihren
sonnigen Netzen
verweben.

Vom Schnee schrieb er,
der sich leicht schwer
auf alles legt

und liegen bleibt, wie auch
er nun liegen
bleiben kann.

Post mortem

Aus der Ferne des Alls
sehe ich zurück zur
See. Mein Leben wohnte
an den Ufern des Wassers.
Es flüchtete sich in die
Zeit, löste sich auf auf
Papier, hinterließ keine
Spuren, keine Farben,
doch Flächen, Hauben,
Wärmehöhlen.
Die stehen da noch.

Ableben

Ich bin ein schwarzes Loch
ich fresse Nus
Ich putzte dem Tod die
Zähne. Das Gesicht hättet ihr sehen sollen.
Es gibt unter allen Sonnenuntergängen
nur diesen einen. Ich gehe über die Berge fort.
Zum Aufwachen bin ich wieder da.
Als Tote weiß eine alles anders
vom Leben.

Schnee, schreib auf mein Grab
die Angst, die ich hab.

Nein, schreib,
dass ich's mit der Todin treib.

Als ich lebte, lebte ich
ewig oder drei Tage.

Mit einem Daumendruck
tötete ich Elefanten.

Seit ich sterbe, rückt
mir jede Mücke zu Leibe.

Sie weiß, wie leicht
ich hin und weg bin.

Bin ich tot, fehle ich
mir.

So fliegt man

Wie man sich bettet, so
liegt man. Wie man liegt, so
bettelt man. Wie man bettelt, so
lügt man. Wie man lügt, so buttert
man. Wie man buttert, so blunkert man.
Wie man blunkert, so schlampert man. Wie
man schlampert, so krunkunkelt man. Wie man
krunkunkelt, so schleckmeckert man. Wie man
schleckmeckert, so schlampeppert man, wie man
schlampeppert, so schrapfleckmackert man. Wie man
schrapfleckmackert, so schluckmickschlonkert man. Wie
man schluckmickschlonkert, so schluppschlappschlompompert man.
Wie man schluppschlappschlompompert, so
schlprankinkonkronkrompert man.
Wie man schlprankinkonkronkrompert, so
schruiwuiwoltrampansomeiotiert man. Wie man
schruiwuiwoltrampansomeiotiert,
so fliegt man.

Manifest für Ichs

Wir schreiben für die Toten. Die lesen uns längst.
Kunst hat mit Alter nichts zu tun und auch nicht mit Jugend, nichts mit
Ruhm und nichts mit Unruhm.
Sobald der Literaturbetrieb Autoren entdeckt, bremst er sie aus. Ab jetzt
treten sie auf der Stelle. Endlich verlassen sie ihn oder er sie. Daraufhin
machen sie weiter Literatur und nicht mehr Betrieb. Damit kommen sie
zwar weiter, gehen den meisten Lesern aber wieder verloren, weil der
Literaturbetrieb grundsätzlich stehen bleibt, um sich umzuschauen und
die nächsten zu begrüßen. Der ganze Literaturbetrieb ein
Willkommenshöft.

Warum ich Gedichte schreibe?
Um die Zumutungen des Daseins gleichzeitig festzuhalten und
loszuwerden, also im Alleingang
Türmchen zu Babel zu bauen.

Nachwort der Autorin

...sodass man sich erstarrt bis ins Innerste fühlte... und wenn doch einmal der Schritt ins Bett geschafft wurde...

Peter Handke

Vor zweihundert Jahren erkannte Xavier de Maistre den touristischen Stellenwert der eigenen Wohnung und schrieb die beiden nicht nur mich begeisternden Bücher *Die Reise um mein Zimmer* und *Die nächtliche Reise um mein Zimmer*. Er nutzte dafür sechs Wochen Hausarrest wegen eines Duells. Xavier de Maistre war Generalmajor, ich bin Tochter eines Brigadegenerals. Wir Militärs scheinen zuhause am besten aufgehoben zu sein.

Wer tagsüber vom Dach des gegenüberliegenden Hauses schräg durch meine Balkontür schaut, sieht mich auf einem Kniestuhl hocken, verborgen unter der Stehlampe, und mit den Füßen auf den Kniepolstern wippen, die Knie meistens am Kinn. Meine Hände schaukeln über die Tastatur wie Ahornblätter auf dem Spiegel eines Sees.

Im Rücken stehen Bücher, die mir ebenfalls ihren Rücken zukehren. So hülle ich mich in meinen Möbelmantel. Diese Eineinhalbzimmerwohnung *für mich allein* ist mein Buckel, meine zweite Haut, mein Mercedes, mein Weihnachtszimmer. Alleinherrscherin bin ich über Tisch und Tisch, gleichzeitig ihr Untertan und erlebe reihenweise Abenteuer eigener Art.

Wie geknickt dies Blatt Papier vor mir liegt, wie geheimnisvoll meine Schere einen schwarzen Klebestreifen in ihrer scharfen Schnauze festhält, wie schlapp sich die Lesezeichen durch Märchenbuch und Bibel robben, wie von oben Mond droht, wie mich mein Papierkorb überfällt, weil er plötzlich hinter mir steht, statt an meiner Seite, wie sich die Zimmerwärme an mich heranmacht, die Puschen mit den Knöcheln mauscheln, wie das Teppichmuster mir entgegenkommt, sobald ich mich zu ihm hinunterbeuge, wie sich mein Buttermilchbauch gegen das mürbe Gummi meiner lappigen Bollerhose wölbt, wie hart der Schlagschatten eines Bücherstapels auf die Tischfläche fällt - ein Messerblock, der meine Hand vom Telefon trennt. Kopf an Kopf sitze ich mir gegenüber in der spiegelnden Fensterscheibe, die ich regelmäßig gründonnerstags putze. Schukosteckerratten verschwinden mit langen dünnen Plastikschwänzen in der Wand, und ich starre auf Papierberge gescheiterter Hoffnung. Niemand reißt an meinen Haaren, zündet mich an. Unter den Heizungsrippen steht plötzlich mein Heidehonig!

Wohnen? Wahnsinn. Eine Expedition in den Erdteil Zeit, eine Abenteuerreise von der Großen Brunnenstraße 96 in die Große Brunnenstraße 96. Nachrichten vom Binnenleben: Dass ich lebendig bin! Ich halte das fest, was ich loswerden will und werde das los, was ich festhalten will, bleibe mir mit meiner Lyrik möglichst am Leibe, schreibe über das Wenigste, was ich weiß, klammere mich an das kleinste gemeinsame Vielfache meiner Erfahrung, finde mich eher in Nebensätzen wieder als in Hauptsätzen, im Detail statt im Ganzen. Vom Zaunkönig in Mauthausen möchte ich erzählen, vom abgetakelten Pfirsichkern, von der Avocado auf dem Küchentisch. Mich lockt die Wucht des Nichtstuns und die Würde des Nichtssagens.

Mein Gegner ist der Schlaf, der Ruhestörer mit seinem allnächtlichen Todesurteil. Ins Bett steige ich wie aufs Schafott, Einschlafen müssen – eine immerwährende Kränkung jeder einmaligen Existenz. Mein Geist geht unter dem Damoklesschwert des Einschlafens auf den Strich, halbwach taumelt er durch das ABC, klappert das Revier ab.

Ich schreibe Torschlusslyrik. Die meisten Gedichte der hier vorliegenden Sammlung sind dem Einschlafterror abgetrotzt. In dieser Niemandszeit zwischen Schreibtischabschied und Schlafankunft fällt die Muse oder Muße über mich her wie das dunkle Schlaftuch über den Wellensittich im Käfig, damit er seinen Schnabel hält. Da guckt noch was raus! Ein Tier bin ich, das sich tot stellt, um sich zu retten.

Man kann mich auf meinem Schaffell liegen sehn, starr vor Glück, starr vor Schreck. Starre - ein Zustand, in dem nichts entschieden ist. Kraft sammelt sich in der Starre oder versickert. Ich erstarre, wenn ich den Schlüssel meines Geliebten in der Haustür höre oder erstarre bei einem Blick in die Tiefe des Steinbruchs im KZ Mauthausen. Ob eine Disco beschrieben wird als *tristes, eisiges Bild der Beziehungslosigkeit, nahe der Erstarrung* oder der Lyriker Mircea Dinescu westdeutsche Intellektuelle auffordert, *endlich aus ihrem Schweigen herauszutreten, sie sind ein wenig erstarrt*, immer wird diese Haltung negativ gesehen, zumal von einer Friedens*bewegung.* Mich stimmt sie eher hoffnungsfroh. Nur ein *Stillgestanden* ermöglicht ein *Rührt euch.* Ohne Stille kein Sturm. Von hier aus kann man zu neuen Haltungen finden. Zu-Kreuze-Kriechen, Huschen, Hocken, Stillstehen, Auf-der-Stelle-Treten, Niederknien. Den Zustand der Erstarrung gilt es auszukosten in allen seinen verschwenderischen Gefühlen. Sogar der Wirtschaftsfachmann kennt die belebende Wirkung des Ruins. Lots Weib erstarrt und versteinerte, doch überlebte als Denkmal. Auch eine Katze erstarrt. Setzt dann an zum Sprung! Das Universum wird nach den mathematischen Modellen Friedmanns entweder erstarren oder – nach einer Schrecksekunde des Stillstands – zusammenfallen. Abwarten.

Es ist ein Drama heutzutage, die Haltungen zu wechseln. Eine ganze Nacht benötigt man, um aus der Horizontalen in die Senkrechte zu gelangen. Und einen Tag, um wieder dorthin zurück zu gelangen. Sind Sie heute schon gehuscht? Erst der Aufenthalt im Leerlauf bringt einen neuen Gang ins Getriebe, nur vom Tal aus geht es bergauf. Früher legten wir uns mächtig ins Zeug für den Aufbruch. Heute plädiere ich für einen ohnmächtigen Abbruch. Denn wer nicht abbricht, kann nicht aufbrechen.

Wenn man langsam geht, erlebt man mehr, heißt es. Und wenn man still liegt? Alles. Doch warum spricht man von Standpunkten und nicht von Liegepunkten, von Widerstand statt Widerlage. Immer denken sie senkrecht statt waagerecht, aufrecht statt hingegossen. Der aufrechte Gang wird gepriesen. Warum Gang? Wohin? Und warum aufrecht? Die aufgepumpte Brust, wie viel Abwehr, ein erhobenes Haupt, wieviel Hochdruck! Lieber soll man zu Boden gehen, zu Kreuze kriechen, zum Grunde gehen. *Verband alleinstehender Frauen* – warum nicht allein liegender, allein fliegender Frauen? Ganze Genfer Konferenzen im Liegen! Kopf und Herz bewegen sich auf derselben Ebene. Der Kopf kann sich nicht mehr über den Leib erheben.

Vom Turmbau zu Babel heißt es in der Bibel ‚*Es hat aber alle Welt einerlei Sprache und einerlei Worte.*' Das ist für mich die Poesie. Das Wort kommt von griechisch *poiein*: machen. Novalis sagt, Poesie muss wachsen und

Benn: Poesie muss man machen. Meine Wenigkeit meint, man muss machen, dass etwas wächst. Dichtung zwingt Gegensätze zusammen auf einen schmalen Grat, Widersprüche auf einen einzigen Nenner. Sie lässt krasse Gegensätze und wildfremde Bereiche hart gegeneinander stoßen, damit sie Funken schlagen aus der Phantasie.

Als ich die Hamburger Dichterin Hilka Nordhausen fragte, was sie lesen werde, meinte sie kurz: „Kontoauszüge!" Umgekehrt las ich eines Tages in meinen Kontoauszügen die Zeile *Es gibt noch Wiesenblumen.* Diese Nachricht eines schwäbischen Buchladens breitete augenblicklich blütenübersäte Grasmeere vor meinen Augen aus wie bei der Lektüre eines gelungenen Naturgedichts. Es setzte sich fort in der klein gedruckten Zeile *Bitte dieses Mehrzweckfeld nicht bestempeln und nicht beschriften,* eine zärtliche Bitte um Naturschutz der Hamburger Sparkasse von 1827. Sogar diese Jahreszahl bekam plötzlich ein Gesicht.

Für die einen heißt ‚Wiese' Bauland, für die anderen ungepflegter Rasen und für mich das Paradies, immer schon und nicht erst, seit ich erfuhr, dass ich auf einer Wiese gezeugt wurde oder empfangen, je nach Perspektive. Anschließend musste der junge Offizier zurück ins Feld(!). Wer Wiese sagt, der weiß, wie klein ich bin, wie kurzgehalten und wie viele wir sind. Wiesenblumen wachsen wild, verhalten sich nicht züchtig genug, um in Blumenläden Einzug zu halten. Sie gehören jedem, sind selbstverständlich, üblich, unwichtig. Ebenso möchte ich aus belanglosen, altbekannten Satzteilen, aus gewöhnlichen Wörtern und Redensarten ganze Büschel pflücken und zu lyrischen Sträußen binden, mit unwesentlichen Wörtern Wesentliches sagen.

Wir Kinder tauften ein hell erleuchtetes Fenster, das uns aus der Häuserblockfassade gegenüber auf unsere Kopfkissen schien, *Immerfenster.* Heute sitze ich selbst hinter einem solchen, surfe mit den Blicken durch die Luft, mäandere durch die Länder der Nation Ich.

Glossar

S. 27, **Zwischenruf** *Michael Kellner*: Autor und Verleger aus HH.

S. 32, **Ich lebe ein und aus** *Else* Lasker-Schüler.

S. 34, **„von unten schrubben"** Bernd Martens: „Ich schrubb von unten" (Reihe Literaturpost)

S. 45, **Einfrosten** Die Kampagne hieß *Freeze*.

S. 61, **Der Mond früh** Dies Gedicht besteht nur aus Wörtern des Liedes Salomos. Darin: Erinnerung an die berühmte Textstelle im Gedicht von Karin Kiwus *Im ersten Licht*.

S. 87, **Elbe und Flut** *Peter Rühmkorf,* Övelgönne Nr. 50,   22605 Hamburg.

S. 97, **Schwanenblume** *Lustbrot* : Aus dieser Pflanze wurde Mehl gemahlen.

S. 123, **Zum Tod eines Dichterkollegen**: Gerhard Kegel (1934- 2008), Lyriker, Uckermark und Buchholz/Nordheide.

Inhalt / Kapitel